石田梅岩『都鄙問答』

致知出版社

「いつか読んでみたかった日本の名著シリーズ」刊行にあたって

世に名著と呼ばれる本があります。その名前を聞けば誰もが知っていて、内容も何となく聞きかじっている。しかし、「いつか読んでみよう」と思いつつも読むチャンスがない。あるいは、読み始めてみたものの想像以上に難しくて途中で投げ出してしまった……。そんな経験のある人は少なくないかもしれません。

本シリーズは、そうした〝読みたかったけれど読んだことのない〟日本の名著を気軽にお読みいただくために企画されました。いわゆる〝超訳〟ではなく、原文を忠実に訳しながらも可能な限りわかりやすい現代語に置き換えているため、大人はもちろん、中高生でも十分に読破《どくは》できます。また、それぞれの本には読了《どくりょう》のために必要な目安時間も示しています。

ぜひ本シリーズで、一度は読んでみたかった日本の名著の醍醐味《だいごみ》を存分にご堪能《たんのう》ください。

石田梅岩『都鄙問答』（巻一～巻四）現代語訳

一、底本には、「リクエスト復刊」された岩波文庫『都鄙問答』（一九三五年二月十五日第一刷発行／二〇一六年二月二十三日第十七刷発行）を使用した。校訂者は足立栗園氏。

一、底本は、改行は、問答が問から答に変わる個所、答から問に変わる個所以外に用いていないが、現代語訳では読みやすくするために適宜改行した。

一、底本は、四つの「巻」で構成され、各巻は「小見出し」に相当する十六の「段」で構成されている。各段の本数は「巻之一」五本、「巻之二」四本、「巻之四」六本だが、「巻之三」（二十七ページ）だけは一本しかついておらず、どこでテーマが変わったのか理解しづらいので、現代語訳では他の巻も含めて小見出しを独自に多数追加した。

底本の小見出しは、以下のようになっている。

巻之一（都鄙問答の段、孝の道を問《とふ》の段、武士の道を問の段、商人《あきびと》の道を問の段、播州の人学問の事を問の段）、巻の二（鬼神を遠《とおざく》と云事を問の段、禅僧俗家の殺生を譏《そしる》の段、或人《あるひと》親へ仕《つかふる》之事を問之段、或学者商人の学問を譏の段）、巻之三（性理問答の段）、巻之四（学者行状心得難きを問の段、浄土宗之僧念仏を勧《すすむる》之段、或人神詣を問の段、医の志を問の段、或人主人行状の是非を問の段、或人天地開闢の説を譏の段）※「の」の使い方が不統一で、「〜の段」と「〜之段」が混在している。

一、底本に引用されている中国の古典（『易経』『論語』『孟子』など）の読み方（書き下し文）で、不自然と思える個所は必ずしも底本どおりにせず、一般的と思える読み方を採用した。

（例）『論語』（憲問篇）の白文「邦有道穀。邦無道穀恥也」（二十五ページ）を底本は「邦道有るときは穀し。邦道無きときは穀するも恥じなり」と読んでいるが、朱子は「邦道有るに穀し、邦道無きに穀するは恥なり」と読んでいる。そのほか、「邦道有るときは穀す。邦に道無きときに穀するは恥なり」「邦道有れば穀す。邦道無くして穀するは恥じなり」「邦に道有れば穀せよ。邦道無くして穀するは恥なり」「邦《くに》に道有るにも穀《こく》し、邦に道なきにも穀するは恥じなり」など幾通りもの読み方がある。

一、現代語訳では、わかりやすくするために底本にはない「 」『 』〈 〉〝 〟を適宜加えている。

一、書名の「問答」から全編が「口語による対話」と思われがちだが、実際には手紙や文書を使った文語体による問答も行われた。原文は、口語で始まった文章が途中で文語体に変わるなど、口語と文語が入り混じった不自然で不統一な文体になっており、そのまま現代語訳すると混乱を生じる。そこで本書では、新聞などが記者会見の質疑を報じる際に用いる「敬語を使わない文語体」で表現する方法を採用した。

はじめに

松下幸之助翁の座右の書

『都鄙《とひ》問答』は、パナソニック（前・松下電器産業）創業者で〝経営の神様〟と尊崇されている松下幸之助翁が座右の書としたといわれる名著で、翁が戦後「繁栄によって平和と幸福を」という理念のもとに創設した「PHP研究所」は、『都鄙問答』を著した石田梅岩に影響をうけているのではないだろうかと私は考えている。

『都鄙』という字を初見で間髪を入れずに「とひ」と読める人はそう多くはないだろう。「辺鄙《へんぴ》な村」というときの「ぴ」だが、「ひ」とは読みづらい。だが、「ひな」と読める人はたくさんいるはずだ。「ひなびた村」というときの「ひな」という漢字なのだ。つまり、『都鄙問答』の「都鄙」は「都会と田舎」「都《みやこ》と地方」という意味である。

『都鄙問答』（四巻）は、江戸中期に活躍した〝石門心学《せきもんしんがく》の創始者〟石田梅岩が、門弟たちや士農工商の枠を超えて多くの人たちと交わした質疑応答を一冊にまとめた「修養書」だ。私塾を開講して十年後の元文四（一七三九）年七月、五十五歳のときに刊行された。

それに先立ち、梅岩は、主だった門弟五、六人を連れて城崎《きのさき》温泉で編集合宿を行った。田舎から上京して梅岩を訪ねてきた人との問答が多かったので、当初の書名案は『田舎問答』だったが、合宿時の門人の発案で『都鄙問答』に変更され、しゃれた感じに変わった。

都と田舎

梅岩は号で、名は興長《おきなが》、『都鄙問答』の巻末に記された勘平《かんぺい》は通称である。石田梅岩こと石田勘平は、丹波国《たんばのくに》桑田郡東懸《とうげ》村の農民の子として生まれた。石田家は「中農」で、地元では旧家として知られていたといわれている。厳格だった父の名は権右衛門、母の名はたね、三人兄弟（二男一女）の次男である。

丹波国は現在の京都府亀岡市にあたる。亀岡市は京都府の中西部に位置し、京都市、宇治市に次ぐ三番目に大きい都市だが、梅岩が生まれた村は、現在東別院町東掛《ひがしべついんちょうとうげ》と呼ばれる山間部にある。梅岩没後に高弟の手島堵庵《てじまとあん》がまとめた『石田先生事跡』の表現を借りると「前後山せまりたる所なり」とされる僻村《へきそん》だったが、今では亀岡から京都まで電車で三十分以内、バスでは一時間少々でいける。電車の走行距離にしてわずか約二十キロメートルの近距離である。昔も、大都会の京都は遥か彼方という感覚はなかったのだ。そう考えると、書名に「都鄙」とつけた意味合いも理解できる。

梅岩の終の棲家《ついのすみか》は京都市中（堺町通六角下る東《さかいまちどおりろっかくさがる》）だが、六十歳で没するまで何度も京都と亀岡の間を行き来しており、最初の悟りを開いたのは母の看病をしていた郷里だったこともあり、その意味でも「都鄙」という名称は梅岩の人生を象徴しているといえる。

二十三歳で呉服屋に再奉公

次男坊だった梅岩は、当時の農家の習慣で十一歳のときに京都の呉服商へ奉公に出された。ところが、その商家が傾いてしまい、仲介した人物が梅岩の父と相談し、郷里へ戻ることになる。十五歳で再び、農業を手伝うことになったのだ。元禄十二（一六九九）年のことだが、元禄年間は十五年続いたバブル期で、贅沢な暮らしに走る人が増え、風俗も乱れた。

東懸《とうげ》村に戻った梅岩は、家の農業や林業を手伝いながら独学に励み、二十三歳のときに再上京し、上京《かみぎょう》の大きな呉服商「黒柳家《くろやなぎ》」に奉公した。「滅私奉公」という言葉があるが、梅岩は身を粉にして働いた。生まじめで勤勉、律儀で正直、倹約を心がけ、目下の者や弱者に優しく接する姿勢は、たちまち主人一家だけでなく、取引先の人たちからも好感を持たれたが、そうなったのは本人の自覚とたゆまぬ努力に負うところが大きかった。

「人の手本になりたい」が出発点

なぜ学問をするのかと問われて、梅岩はこう答えている。

「学問をすることで古《いにしえ》の聖賢（聖人や賢人）の行いを知り、人の手本になりたい」

正直で几帳面な性格は、厳格だった父親の教育が大きい。こんなエピソードが残されている。十歳の秋に勘平少年が裏山で栗を五、六個拾ってきたところ、「どこで拾った」と父に聞かれ、「よその山との境界あたりに落ちていた」と話すと、「うちの山の栗の木は、そのあたりには枝を伸ばしていない。返して来い」と厳命されたという。

梅岩は努力の人だった。晩年語ったところによると、

「自分は幼少のころから理屈っぽい性格で、友だちに嫌われ、意地の悪いところもあった。十四、五歳の頃、そのことに気づいて悲しくなり、直そうと努力した。三十歳くらいになって大体直ったが、それでもまだ言葉の端々に以前の性格が出ることがあった。四十歳ぐらいになると、梅の黒焼きのように、酸っぱさがまだ少し残っているように思い、五十歳くらいになって、意地の悪さはほぼなくなったと感じた」

梅岩は、住み込みで呉服商の仕事をしながら、朝は誰よりも早く起きて本を読み、夜は皆が寝静まってから本を読んで自分磨きを続けた。その一方で、夜寝る場所は、番頭になってからも冬は暖かい場所を人に譲り、夏は若い丁稚たちが掛け布団を跳ねのけている

と、そっとかけてやるなど、人が見ていないところでも善行を積んだ。その対象は見知らぬ人にも向けられ、外出して道を歩くときは、夏は日陰を人に譲り、冬は日当たりを人に譲っていた。できそうで、できないことだ。

「正直」と「倹約」

二十代の頃、梅岩は神道に心ひかれた。『都鄙問答』でも『日本書紀』（神代巻）を引用した論が展開されている。だが、黒柳家は代々、本願寺（浄土真宗本願寺派の本山）の熱心な門徒で、主人以下、従業員はしばしば参詣したが、梅岩は時折、参詣を拒んだ。普通ならきつく叱りつけられるところだが、日頃から梅岩の人となりを知り抜いている主人の義母が「勘平は、参詣しなくても信心がある。神道を深く学んでいるのも大きな志があってのこと」と庇《かば》った。その義母が重病で床に伏したとき、身の回りの世話をする女にこう告げたと伝わっている。

「今の私には何の不足も不満もない。ただ心残りなのは、勘平が世に出て成功する姿をこの目でみられないことだ」

生まじめで神経質だった梅岩は、人に気をつかいすぎ、自分を律しすぎるあまり、神経衰弱を患ったことがあるが、そのとき黒柳家のご隠居（主人の父）から呼び出され、説教された。

「人は木石ではないのだから少しは遊んだらどうか」

手代（番頭と丁稚の中間）だった頃の話だが、当の梅岩は腑に落ちず、その後も薬を飲んだり伏せったりという生活を続けた。すると、番頭からこうアドバイスされた。

「薬の世話になったり寝込んだりして店に迷惑をかけるくらいなら、多少金はかかっても思いっきり遊んで気晴らしをして、いつも元気で仕事に精を出す方がずっといい」

そのとき梅岩は「手代とは、親方の手の代りという意味だ」と気づくのである。

「何をするのも親方なのだ。私が使っている金銭も自分のものではない、親方のものだ」

「薬代に少しずつ金を使っても、病気が快癒すれば、以後はその金を倹約することになる」

石田梅岩が遺した著書は『都鄙問答』と『倹約斉家論《せいか》』の二冊である。「正直」と「倹約」は「石門心学」の主要な一部を形づくっているが、梅岩の勧める倹約は単なる吝《けち》ではない。「自分が倹約することが、さまざまな形で世の中の役に立つ」という考え方である。

人間性を磨く学問

石田梅岩の思想を「石門心学」と呼んだのは、中国の「心学」と区別するためだ。南宋（一一二七～一二七九年）の陸象山《りくしょうざん》（陸九淵《きゅうえん》）や明（一三六八～一六四四年）の王陽明《おうようめい》の思想を「心学」と呼んだことから、それと区別するために「石田梅岩一門の心学」という意味で「石門心学」というようになった。南宋の思想家である朱子《しゅし》（朱熹《しゅき》）が「経書の解釈」を重視し、「性即理」を唱えたのに対し、同時代の陸象山は「心の内省」を重視して「心即理」を主張。その思想を引き継いで「陽明学」として完成させたのが王陽明である。

「心学」とは、書いて字の如く「心の学問」だ。つまり、「自分の本心を見つめ、人間性を磨く修養学」である。梅岩は「盡心知性《じんしんちせい》」（心を盡《つく》して性を知る）といっている。「盡」は昔の字で、今の字では「尽」だ。そして、知性の「性」は人が生まれながら備えているとされる「本性」のことである。「心を尽くして本性を知る」ための手本にするのは、中国古代の伝説の聖帝である堯《ぎょう》や舜《しゅん》であり、〝儒教の祖〟である春秋時代の孔子（紀元前五五一～四九一年）や孔子の道を継承発展させた戦国時代の孟子（紀元前三七二～二八九年）に代表される聖賢たちの言動だ。「盡心知性《じんしんちせい》」は、その孟子の言葉である。「人の本性は善」とする孟子の「性善説」が石田梅岩の思想の根幹をなしている。

禅僧と出会って開眼

石田梅岩が動くのは三十五歳頃からだ。「本性とは何か。それを知りたい」と、仕事の合間を縫って京都市中に居住する儒者たちの講義を聴いて回るようになる。だが、どの儒者の教えも梅岩の眼鏡にかなわなかった。そんなある日、「この人しかいない」と思える師とめぐり会う。小栗了雲《おぐりりょううん》。黄檗《おうばく》宗の僧である。同じ禅宗でも、臨済宗や曹洞宗が鎌倉時代に始まったのに対し、黄檗宗は江戸時代に始まった禅宗である。了雲の話を聞いて「それまでの疑問がすべて氷解した」と梅岩はいっている。

梅岩は了雲の指導の下、自分を磨き続け、ついに「悟りを開く」高みにまで到達するのだ。その間の経緯が『都鄙問答』（巻之二）に記されている。

呉服商を辞めて私塾を開講するのは享保十四（一七二九）年、四十五歳のときである。何月に開講したかは記録されていないが、この年の秋（十月十九日）に了雲が没していることから、その後と考えるのが自然だ。「月謝は無料。紹介者は不要で、誰でも歓迎」とした案内書きを門前にかかげた公開講座で、梅岩以後もこの方式が継承された。講義用の教材に使われたのは、「四書《ししょ》」（『大学』『中庸』『論語』『孟子』）『孝経』『小学』『近思録』『性理字義』などの儒学が中心で、吉田兼好の『徒然草』などの国学も使われた。この講義とは別に月に三回ほど開かれる「月次会《つきなみのかい》」と名づけた集まりも催された。

石門心学の三つの特徴

石門心学の特徴は、大きくいうと次の三点になる。

第一点は、儒教・仏教・神道を融合するという従来にはない大胆で斬新な発想をした。

第二点は、「道話」（身近な喩え話）でわかりやすく説明し、幅広い層に受け入れられた。

第三点は、商人の儲け（利益）は武士の俸禄と同じだと主張し、商人の地位を高めた。

商人は、士農工商という身分制度の一番下に位置づけられていた。その理由は、賤商《せんしょう》思想による。支配階級の武士は別として、同じ庶民でありながら、農民は汗水を流して米を始めとする五穀や野菜などの食料を生産し、工人は家具や食器などの生活必需品を汗水流しながら生産するのに対し、商人は彼らがつくった物を右から左へ流すだけで利益を得ているとみなされたからだ。

商人に対するそうした偏見は不当だと石田梅岩はきっぱりと否定、「商人が商売で利益を得ることは、武士の俸禄と同じだ」と主張したのである。その代わり、商人は誤魔化したりせず、誰からも後ろ指を指されない「商人道」に則って正々堂々と商売し、世の中のため、人のためにつくさなければならないと説いた。梅岩が農民の出であり、しかも数十年に及ぶ商人体験があることから強い説得力があり、京都を中心とした商人たちから強い支持を得た。梅岩の信奉者は、手島堵庵《てじまとあん》、中沢道二《どうに》、柴田鳩翁《きゅうおう》ら門弟の活躍でどんどん増えていった。

石田梅岩は、生涯独身だった。なぜ妻子を持たないのかと何度も聞かれたようで、没後に弟子が編纂した『石田先生語録』や『石田先生事蹟』にその答えが載っている。

「妻子という小事によって、大道を教えることに支障をきたすのではないかと恐れて、独身を貫いているのだ」

世のため、人のために献身し続けた六十年の生涯だったのである。

石田梅岩『都鄙問答』＊目次

巻之三

巻之四

装幀――轡田昭彦・坪井朋子／編集協力――柏木孝之
シリーズ企画――アップルシード・エージェンシー
http://appleseed.co.jp

巻之一

都鄙問答の段

大《おお》いなるかな乾元《けんげん》、万物資《と》りて始む。乃《すなわ》ち天を統《す》ぶ。
雲行き雨施し、品物形を流《し》く。
乾道変化して、各性命《おのおのせいめい》を正すなり。（『易経《えききょう》』「乾《けん》」の「彖伝《たんでん》」より）

（何という偉大さなのか、乾元《けんげん》は！　すべての物は、そこから始まっているのだ。つまり、天の道を支配しているのが乾元なのである。乾元の気は、雲を動かし雨を降らせ、すべての物に形が備わる。乾の道は変化し、すべての物は、天から与えられたそれぞれの性命を正しく実現するのである）

天が与えてくれる楽しみは、何と面白いことか。これに代わるものなどありはしない。

教えの道を志した動機

【問（郷里の知り合い）**】**　最近上京してきて親戚の家に居候しているのだが、ある学者の訪問を受け、話し込んでいたら、あなたの噂が出た。その件で尋ねたいと思い、やってきた。郷里の噂では、あなたが『小学』などの講義をし、門人も次第に増えているとのことで喜んでいるが、その学者がいうには「彼は異端の流派であって、儒者とは呼べない」と。「異端というのはどういう意味か」と尋ねたら、こんな答えが返ってきた。

「異端というのは、聖人の道ではない。その者が自己流の教え方を思いついて世の中の愚かな連中を騙して、性《せい》（本性《ほんしょう》）を知るだの、心を知るだのといった難しそうな議論を吹っかけて、人心を惑わす流派のことだ。性を知るなどということは、昔の聖賢（聖人・賢人）に限ってのみ可能なのであって、後世の凡人がどうこうできる問題ではない」

その話を聞いていて思ったのは、「人を惑わすのは、山賊や強盗を働くよりずっと罪が重い」ということだった。それではあなたが気の毒だ。あなたは故郷へ帰っても、ただ食べていくだけなら、それほど難しいことではない。しかし、食べていくために人を迷わすとしたら、悲しいことだ。どう考えているのか知りたい。

※小学　宋代に編集された初学者向けの修身の教科書。江戸時代に盛んに使われた。

※聖人　「聖人」または「古《いにしえ》の聖人」とされるのは、紀元前二〇〇〇年頃に誕生したといわれている中国最初の王朝「夏《か》王朝」よりも前の時代の「三皇五帝」と呼ぶ伝説の聖帝および春秋戦国時代（紀元前七七〇～紀元前二二一年）の孔子、孟子を指す。三皇は燧人《すいじん》・伏羲《ふっき》・神農《しんのう》（誰かを外して女媧《じょか》を入れる説もある）。燧人《すいじん》は火で調理することを教えた。伏羲は八卦をつくり、漁労を教えた蛇身人面の皇帝、神農《しんのう》は農業・医薬を教えた人身牛首の皇帝とされている。五帝は、黄帝《こうてい》・顓頊《せんぎょく》・帝嚳《ていこく》・堯《ぎょう》（唐堯）・舜《しゅん》（虞《ぐ》舜）。『論語』『孟子』などに多く登場するのは、堯と舜。次いで禹《う》。禹は堯舜の二帝に仕え、治水事業に多大な功績があった。春秋戦国時代（紀元前七七〇～紀元前二二一年）の孔子、孟子も聖人。

※性　性善《せいぜん》説、性悪《せいあく》説の「性」で、『都鄙問答』に頻出する最重要用語。「しょう」とも読み、「本《ほん》性《しょう》」（人が生まれながら持っている性質。生まれつきの性質）のことである。

【答】　心配してくれてありがとう。では、私が教えの道を志した動機から話そう。『孟子』（滕文公《とうぶんこう》上篇）に、こんな言葉がある。

「人には人としての道が備わっている。だが、飽きるほどたらふく食べ、ぬくぬくとした衣服を着るといった自堕落な暮らしを続けて、何の教えも受けないのは、鳥や獣に近い生き方である。民がそのようになるのを憂慮した古《いにしえ》の伝説の聖人舜《しゅん》は、重臣の一人である契《せつ》に命じて人としての『五倫の道』を教えさせた。五倫とは、父子間の親愛、君臣間の礼儀、夫婦間の区別、長幼間の順序、朋友間の信義を指す」（人の道あるや。飽食煖衣《だんい》、逸居《いっきょ》して教え無ければ、則ち禽獣《きんじゅう》に近し。聖人これを憂うることありて、契《せつ》をして司徒《しと》たらしめ、教ふるに人倫を以てす。父子親あり、君臣義あり、夫婦別あり、長幼序あり、朋友信あり）

これら五つの人倫の道をわきまえるようになるのが、学問の功徳なのだ。このことから、古の人たちの学問に対する取り組む姿勢を知るとよい。「君子は、本《もと》を務《つと》む」（君子は、物事の根本を理解しようと努力する）と『論語』（学而篇《がくじ》）にあるように、学問では根本を重視して学ぶことが大切である。

※五倫　「五常」と合わせて「五倫五常」と表現されることも多い。本文にあるように、①父子間の親愛、②君臣間の礼儀、③夫婦間の区別、④長幼間の順序、⑤朋友間の信義から成る「五倫」に対し、「五常」は①仁、②義、③礼、④智、⑤信で、「五徳」という場合もある。徳目が重なっているように思えるが、五倫は対象を絞り、五常は対象を絞っていない点が異なる。滝澤馬琴の小説『南総里見八犬伝』では「五常」の順を少し変え、三つ加えて「仁・義・礼・智・忠・信・孝・悌《てい》」の八つとした。

松は緑、桜は花、鳥は空を飛ぶ

【答（続き）**】**　人倫の道は、その大本《おおもと》を天に発し、仁・義・礼・智という四つの徳（良心）

が中心で、「それ以外に学問の道はない。失ってしまった徳を求めるだけだ」（学問の道は他なし。その放心《ほうしん》を求むるのみ）と『孟子』（告子《こくし》上篇）は説明している。この心を胸に深く刻んで、聖人の行った足跡を見聞し、手本とすることが大事である。

君子の道を最初に究《きわ》めた人は、堯《ぎょう》である。孝の道を究めたのは、舜《しゅん》。臣の道を窮めたのは、周公旦《しゅうこうたん》（周王朝を興した文王《ぶんのう》の第四子）。そして、学問の道を窮《きわ》めたのが、大聖人孔子である。これらの聖人たちに共通するのは、『孟子』（尽心《じんしん》上篇）で語られている「堯舜は、修養しなくても、本性のままに仁義を行うことができた」（性のままにす）ということと、「上《かみ》は天から下《しも》は地に至るまで同じように、あまねく徳がゆきわたった」（上下《しょうか》、天地と流れを同じうす）ということに尽きる。聖人とは、人倫の道を窮めつくした人なのである。

為政者が、古の聖人たちの残した大きな徳の行跡《ぎょうせき》をよく理解し、それらを手本として民に五倫の道を教え、天が命じた各人の職分をわからせ、努力するように導いたなら、人々の身は修まって家内もうまくいき、国も治まって天下泰平の世の中になる。まさに「先王を手本にしてしくじった者はいない」（『孟子』離婁《りろう》上篇「先王の法に遵《したが》いて過《あやま》つ者は未《いま》だこれあらず」）ということだ。

「本性」（性）とは何か

【答（続き）】孟子（『孟子』離婁下篇）は、こうもいっている。

「世の中で人の本性を論じる者は、過去の経験に基づいて推察しているだけだ。過去の経験は、成功した例が基本である」（天下の性を言うものは、故に則《のっと》るのみ。故は利《り》を以て本《もと》と為す。）

※注　この文に関する解釈は、朱子《しゅし》（朱熹《しゅき》）ほか諸説あるが、本訳は訳者の解釈による。他の箇所についても同様）。

本性とは、人を筆頭に禽獣や草木など、すべての生き物が天から命を授かったときから備わっている「理」（宇宙の根源となる原理・道理）を意味する。松は緑で桜は花、羽のある動物は空を飛び、鱗のある生物は水に潜り、太陽や月が天にかかる。これらは異なっているように見えて、実は同じ一つの「理」に基づいているのだ。去年の四季の移ろいを知ったことで今年の四季も想像がつき、昨日の出来事を見て今日の出来事を推測する。これが、孟子のいう「故に則《のっと》って、天下の性を知る」（過去の経験で本性を考える）ということなのだ。

本性を知れば、その学びの中に「五常五倫の道」も含まれている。『中庸』には、「本性とは天の命であり、その本性に率《したが》（順）うのが道で、道を修得することが教えである」（天の命之《めいこれ》を性と謂《い》い、性に率《したが》う之を道と謂い、道を修《おさ》むる之を教と謂う）と書いてあるが、この意味を理解しないと、本性に従った生き方はできない。本性を知ることは学問の根本なのである。

私は、断じて怪しげなことを語っているのではない。堯舜が万世の手本とされてきたのも本性に従ったからであり、だから心を知ることが学問の出発点といっているのだ。しかし世間のほとんどの人たちは、心や本性をあれこれ論ずることの外に、極致とされる学問があることを知らずにいる。どんなことも、決めるのは心である。心は、体の主人である。その主人がいない体になってしまったら、それは山や野に捨てられる死人と同じことになる。私の学問は、その主人のことを知らせ、理解させる教えである。それなのに、異端視するとは、どういうことなのか。

「悟る」とはどういうことか

【問】 その学者一人がいっているだけではない。その場には禅僧もいたが、その人がいうには、「拙僧も自分の本性を知りたいと思って、十五年ばかり座禅を組んで参ったのだが、今に至るもこれといった成果は得られていない。だが、本性がわかったら飛びあがるほど感激すると聞いている。それくらい大変なことなのに、自分の本性が簡単にわかるというのは、おそらく胡散《うさん》くさい内容に違いない」ということだった。あなたのいうとおりなら、もっとやさしいはずではないか。

世の中のことは、私らには気づかぬことが多いが、気をつけて観察すると、春には花が咲き、秋には実り、冬には収穫したものを貯蔵して、人は人それぞれの道を行っている。あなたは、そこから得た知識で毎日毎日講義し、実業が忙しい者を寄せ集めて、暇な時間を費やさせるというのは、どういうことなのか。しかもあなたは、「故を見て知る」というのに、あなたは「不学」（無学）の身でありながら、「本性を知ることは難しいといっているう。かの禅僧が、十五年もかけて一心に頑張っても本質を得ることは難しいといっているのに、あなたは「不学」（無学）の身でありながら、「本性を知ることはたやすい」などと簡単にいう。あれやこれや疑わしいことが多い。どういうわけか。

【答】　あなたが話した僧は、まだ悟りの境地に達していない僧である。だから、知識がまだ十分ではないのだ。座禅を組んで瞑想したら、きっと霊妙な真理がわかるとでも思ったのだろう。釈尊（釈迦の尊称）は、暁の空に輝く明星を目にして悟りを開き、遣唐使として唐に渡った霊雲《れいうん》（飛鳥時代の僧）は、桃の花を見て悟ったというではないか。だが、悟りを得たからといって、星が月に見えるわけではない。悟る前に桃が桜に見えなかったのと同じ状態であることに変わりはないのだ。その僧は、このように自在で端的な事例で考えることを知らない。信心が足りないから、無益なことに十五年もの間、知恵を使ったのは、惜しんで余りある。それから、あなたは私のことを「不学」といったが、それは文字を知らないという意味か。

【問】そのとおり。

【答】中国禅宗の六祖（大鑑禅師慧能《だいかんぜんじえのう》）は、一字も文字を学ばなかったと聞いている。それでも、達磨《だるま》から数えて六代目の祖となった。禅宗が今日まで継承されてきたのは、六祖の力によるところが大きいとされている。しかし、これはあくまでも禅宗の話。私の学問である儒教についていうと、子夏（孔子の弟子）が語った次の言葉が『論語』（学而篇）に載っている。

「若者が異性に恋い焦がれるような熱い思いで、賢者を心から敬慕し、親には孝行を尽くし、主君には身を粉にして忠勤に励み、朋友とは信義の心で交わる。そんなふうにできたら、誰かにまだ十分に学問していないといわれても、自分は立派に学問したと胸を張れる」（子夏曰く、賢を賢として色に易《か》へ、父母に事《つか》へて、能《よ》く其の力を竭《つく》し、君に事へて、能く其の身を致し、朋友と交わり、言《い》ひて信《しん》有らば、未だ学ばずと曰《い》ふと雖《いえど》も、吾《われ》は必ず之を学びたりと謂《い》わん）

※易色　「色に易《か》へ」と読むのが一般的だが、意味がつかみづらく、「色を易《かろ》んじ」と読む説もある。
男女が異性に恋い焦がれるような気持ちで、賢人を思い慕うという意味になる。

※いう　同じ「いう」を、原文では「言う」「曰う」「謂う」と使い分けている点も興味を引く。

聖人は「心」から始めた

【答（続き）】 聖人の道の始発点は、「心」である。文字を知らなくても、親に孝行はできるし、主君に対しては忠義を尽くせるし、朋友との交際も自由にできる。伏羲《ふっき》や神農《しんのう》は、文字のない時代の聖帝である。ひたすら心を尽くして「五倫の道」を実践できるなら、文字を一つも知らなくても「真の学者」といって差し支えないのではないか。文学の心得がある者は『論語』（雍也《ようや》篇）のいう「文質彬彬《ぶんしつひんぴん》の君子」（実質的な内容と形式的な修飾を兼備した名文が書ける学識豊かな人格者）と評することができるが、一般の者には無縁な話である。仕事に時間を取られ、記憶する余裕がない者が多いからだ。

そこで『論語』（学而篇）は、「若い者は孝悌《てい》信仁に励み、余力があったら学問や芸術の勉強をせよ」（行いて余力あらば、則ち以て文を学ぶ）といっている。聖人の学問は、行いを本（根幹）に据え、文学は枝葉（末節）に過ぎないとしていることを知る必要がある。

工夫・考案すれば飛躍できる

【問】 あなたが主張するとおりであるなら、文学が末節的な学問であることは明白だが、例の儒者に「どうすれば行いを正しくできるか、一言で教えてもらえないか」と請うと、こんな答えが返ってきた。

「貴殿のように、四書《ししょ》(『大学』『中庸』『論語』『孟子』)の素読《そどく》もしないような者に聖人の道の何を説き聞かせられるというのか。貴殿のやっていることは、世間でよくいう、耳の不自由な者に囁きかけるようなもの。耳に入るはずがない」

実際、世間の人たちもそう思っている。となれば、あなたのいうことは誤りなのだ。文学の力を借りなければ、理解できないなどといっているのではない。あなたがどんなに弁明しようとも、疑わしさは晴れないのだ。どこで学んで、世間一般の学者とは違う異端の教えを広めようとしているのか。

【答】 世間一般の学者と違うことを教えているわけではない。あなたが疑問に感じた点について話そうではないか。私は誰を師とも決めてはいない。あちらこちらの学者を訪ねては、一年とか半年ほどそれぞれの講義を聴いてきたのだが、私自身がまだまだ未熟で愚かなこともあり、どの塾のどの学者が最も優れていると判断できかねた。つまり、納得のいく塾が見つからずに長いこと悩んでいたのだ。そんな折に、ある隠遁学者(黄檗《おうばく》宗の禅僧小栗了雲《おぐりりょううん》)の存在を知った。

その人と会って話をし、心の問題に至ったときに、私が一言いっただけで、その人はたちまち理解し、こういったのである。

「自分では心を知っていると思っているだろうが、実はまだわかっていない。学んだことと真の意味の間には、雲泥ともいうべき大きな開きがあるのだ。心を理解せずに聖人の書を読むのは、『礼記《らいき》』（経解篇《けいかいへん》）にある『毫釐《ごうり》の差は千里《せんり》の謬《あやま》り』（ごくわずかな違いが、大きな誤りにつながる）ということだ」

しかし、私がいった言葉が聞こえなかったから、そのようにいわれたに違いないと思って、繰り返し議論に及んだのだが、その人が肯定する気配はみられなかった。それで私はますます納得できなくなってしまった。

そんなある日、その人が、こういったのである。

「あなたは、何のために学問しておられるのかな」

「私よりも学識が劣っている人たちに、五倫五常の道を教えたいと志したからです」

「道は『道心』といって、心である。孔子は『故《ふる》きを温《たず》ねて新しきを知るは、以《もっ》て師たるべし』（『論語』為政篇《いせいへん》）といっている。〈故き〉とは師から教わり学ぶことであり、〈新しき〉とは自分で工夫し考案することだ。工夫し考案できて初めてそれまで学んできたことが身につき、他人に対して、それ以前とは比べものにならないくらい飛躍的にうまく対応できるようになる。これが、孔子のいう〈師〉である。だが、あなたは心がわかっておらず、迷路に足を踏み入れてしまったのだが、他人までそこへ引きずり込みたいとでもいうのかな。心は体の主人《あるじ》なのだ。その主人のことを知らないというのは、いわば風来坊であって、宿なし同然である。自分の宿もないのに、他人に宿を手当てして救おうとするのは、ありえない話ではないか」

そういわれて私は、自分の考えを懸命に吐露しようとしたのだが、まるで大きな石に卵で向かっていくような感じで、一言半句すら口にすることができず茫然とし、それまでの自分に疑問を感じたのだ。それまで学んだことを真に会得できていたのであれば、疑いの入り込む余地などないはず。それなのに疑いの念が沸々《ふつふつ》と湧いてくるのは、まだ完全には得心できていない証拠だと確信し、以来、それ以外のことに気持ちが入らなくなり、明けても暮れても「どうしたものか」とそのことばかり考え続けているうちに、頭だけでなく体もくたくたに疲れてしまった。

そうやって日々を過ごすこと一年半ばかり。その頃、母親が病の床に伏せってしまい、私は二十日《はつか》ばかり看病を続けていた、そのときだった。座った姿勢からふいと立ち上がったとたん、胸の奥にわだかまっていた疑念が、忽然《こつぜん》として晴れたのである。その様は、煙を風が吹き散らすよりも早かった。

堯舜の道は「孝悌《こうてい》」の二語につきる。魚は水中を泳ぎ、鳥は空を飛ぶ。その様子は『中庸』（十二章）に引用された詩（『詩経』大賀《たいが》にある「早麓《そうれい》」と題する詩）にも「鳶《とび》は飛んで天に戻り、魚は淵に躍る」と歌われている。天地自然の道は、空から水中まで上下関係がはっきりとしている。疑うべきことは何もない。翻《ひるがえ》って、人は孝悌忠信である。それ以外の細々《こまごま》としたことはどうでもいい。そう達観できたおかげで、私は二十年来の疑問を解消できたのだ。書物の文字が教えてくれたことではない。わが悟りは修行の成果である。

※小栗了雲　石田梅岩が四十三歳のときに出会って師事した。教えを受け、二年後の享保十二（一七二七）年に梅岩は二十三年間勤めていた京都の呉服商を辞め、了雲が六十歳で没した後、借家で塾を開講した。四十五歳だった。

わかりやすい喩えで考える

【問】「それ以外の細々としたことはどうでもいい」云々《うんぬん》とは、どういう意味か。

【答】言葉では説明しづらい。だから、わかりやすい喩えで語ろう。証書、印鑑の類が必要になったとき、入れ物はあっても、中に入れておいたはずの証書や印鑑が見当たらないことがある。今日も探し、明日も探すのだが、見つからない。別の日に探しても、やっぱり同じだ。どこにもないので、疑いの気持ちが起きる。盗られたのではないか、証文は古い書類にまぎれ込んで捨てたかもしれない、いや、どこかで落としたのかもしれないと、さまざまな疑いが頭をかすめる。なかなか見つからないので、しようがないと諦め、ほかの用事に忙殺されていると、突然、しまい込んだ場所を思い出すことがある。
こういうことは、文学とは無縁である。「心を知る」ということも、これと似ている。盗まれたのかもしれない、落としたのかもしれないという疑いが一気に晴れる様子は、闇夜だった天空に、思いがけず、満月が出ていっぺんに明るくなった状況と似ている。

【問】　それなら、心を知ったら、そのとたんに賢人になれるということか。

【答】　いや、違う。その心を自分自身で実行に移し、功徳《くどく》を積まないと賢人とはいえない。努力する「力」と功徳を得る「功」。心を知ろうとする点ではどちらも同じだが、意味するものが違う。聖賢には力があり、功も備わっている。『中庸』（二十章）には、「安んじて行うは聖人なり。利《り》して行うは賢人なり」（いわゆる「安知利行《あんちりこう》」と呼ばれる教訓で、「聖人は、生まれながら徳が身についているので、たやすく人倫の道を実践する。賢人は、学んで徳を身につけ、実践する」）といった意味のことが書いてある。
しかし、われらのような凡人には力も弱く功もない。だから、『中庸』にあるように、勉強してこれを行うしかないのだが、心を知っているので、実践できないことで苦しむ。苦しんでも実践し通して功を得れば、成功したという点で「聖賢の安知利行《あんちりこう》」と同じだ。

※『中庸』（二十章）「或《ある》いは生まれながらにして之《これ》を知り、或いは学んで之を知り、或いは困《くるし》んで之を知る。其《そ》の之を知るに及んでは一《いつ》なり。或いは安《やす》んじて之を行い、或いは利して之を行い、

或いは勉強して之を行う。其の功を成《な》すに及んでは一なり」が正確な原文。

苦しむことを学べ

【問】道は楽しむべきであるのに、苦しむことを学ぶとは、一体、どういうことなのか。

【答】ここに駕籠《かご》かつぎを仕事とする二人組の男がいると仮定しよう。一人は力が強く、もう一人は力が弱い。強い方は苦しまないが、弱い方は苦しむ。苦しくても、駕籠かつぎをしていれば、飢えることはない。だが、駕籠をかつがなければ、乞食になって路頭に迷う。「道を行う」ということも、このようなものだ。私たちのような者は、力の弱い駕籠かつぎと同じ。苦しみながらも頑張るので、不義には陥らないのである。だから、安心だ。一方、心を知らない者は、いつも苦しみを抱え、それを言葉にして口に出してしまう。そうなっても恥を知るということがないから、学ぼうとする志が生まれてこないのである。

【問】あなたのいう「行い」とは、『中庸』（第二十七章）に出てくる礼儀作法三千三百を習って威儀を正しくするということではないか。もしそうなら、私らのような農民風情にはできない相談だ。例の学者がいった「学ぼうとしない者がやれることではない」（不学者の及ぶべきことに非《あら》ず）については、もっともなことだと思う。

【答】いや、そうではない。あなたがいっているのは、孔子が弟子の子張《しちょう》を「師《し》（子張の名）は辟《へき》なり」（子張は才人だが、立ち居ふるまいに誠意に欠けるところがある）と評したことではないのか。辟《へき》とは、格式ばっていて誠実さが感じられないことをいうのである。

では、「行い」について、あなたがわかるように話そう。行いというのは、農民の場合、朝は未明から野良に出、夕暮れに星を眺めながら家に戻ることを指す。身を粉にして働き、人も使って、春は耕し、夏は雑草を取り、秋には収穫して蔵に収めるまで、田畑から一粒でも多くの穀物を生産したいという気持ちを片時も忘れず、年貢が不足しないようにと気をつかい、残った分を父母の衣食に充《あ》てて安心させるようにし、諸事に油断することなく励むのである。苦労はするが、邪心がないから心はゆったりとしている。

それとは逆に勝手気ままな日々を過ごして、収穫量が定められた年貢の量に足らないような事態に陥ったら、心は塗炭《とたん》の苦しみを味わうことになる。

私が教える目的は、刻苦勉励すれば、誰でも日々を安楽に送れるようになると悟らせることだ。心を知って行えば、おのずと威儀を正すようになり、安らぎを感じることができ、疑うこともなくなる。

【問】「心を知るのは、よいことだ」という説明は、よく理解できた。そういうことであれば、少しでも納得できた者はますます打ち込むはずなのに、以前は積極的だった者が今では怠けて顔を出さなくなったというのは、どういうことなのか。

【答】　確かにそういう人もいる。そういう人が最初に思うのは、「心を知ったら、これまでの遊興にうつつを抜かす心とか、利欲にのめり込もうとする心とか、軟弱な意志などは、たちどころに消えてなくなって、心が清浄になり、楽しく感じる」といったことだろう。ただし、そうなるには条件がある。忠孝を尽くし、家業に精を出し、行いを慎まないと、心の安らぎは得られないのだ。だが、体にしみついた欲が顔を出すので、実行は難しい。

かといって、実行せずにいると心を欺くことになり、「道心」（道を重んじる心）と「人心」（欲望に突き動かされる心）がせめぎ合い、その葛藤に苦しむ。そのうちうまくいくだろうと高をくくっても、しばらくは苦しいから前へ進めなくなる者も出る。そこで踏ん張らないと、『論語』（季子篇《りし》）のいう「苦しいからといって学ばない者を、人は下とみなす」（困《くる》みて学ばざるは、民《たみ》これを下《げ》と為《な》す）になる。

※**農民**　石田梅岩の家は、丹波国《たんばのくに》（現在の京都府亀岡市）の農家。十一歳のときに京都の呉服商へ丁稚奉公に出されたが、店が傾いて里に戻り、二十三歳のときに再び上京して別の呉服商に勤めた。梅岩の略歴は、本書の「はじめに」に詳述。

※**道理の学び方**　①生知《せいち》、②学知《がくち》、③困学《こんがく》、④困不学《こんふがく》の四ランクがある。孔子曰く、生まれながら之（道理のこと）を知る者は上《じょう》なり。学んで之を知る者は次なり。困《くるし》みて之を学ぶは、またその次なり。困んで学ばざるは、民これを下と為す。

学問には強い意志力が不可欠

【問】　すると、せっかく心を知っても、自分から進んで講義を聞きにこない者は、身につかないということになるのか。

【答】　その人は当分、「不義」（人としての道に外れること）は行わないように思えるが、修行による功徳を積んでいないために、人心と道心が混ざって分離できない状態にある。それでも、道の話を一度は聞き、不義を嫌悪することを知っているので、それなりの成果は得られる。不義を毛嫌いするのは、よいことなのだ。

修得が急速に進まないのは、意志軟弱の証拠である。曾子（「孝」で名高い孔子の高弟）や孟子は、実行することを自分に課して上達した。曾子は「仁を修得することを自身の任務とした」（『論語』泰伯篇《たいはく》「仁を以て己れが任と為す」）が、孟子は「浩然《こうぜん》の気（天地の間にみなぎる生命力・活力のもとになる気）を養う」（『孟子』公孫丑上篇《こうそんちゅう》）といえる境地にまで達した。

これは、今日いうところの「本性を知るのが先」ということにつながる。本性を知れば、実行しやすくなる。孟子が人々を導いたときも、「まず本性を知る」ということを教えた。だから、最初から「人間の性は善である」といったのである。この「性善」という概念は孟子の発明であり、朱子《しゅし》（朱熹《しゅき》）の『孟子集註』（序説）に「程子《ていし》（宋の兄弟儒者程顥《ていこう》・程頤《ていい》の尊称）の註として、『孟子性善・養気《ようき》の論』（性善説）は、すべて、前聖人の孔子もいっていなかった思想だ」（程子又曰く、孟子の性善養気之論、皆《いづれも》前聖の未だ発せざる所）と書いてある。

正しい道のことがわかってから実践に移すまでは早くできるが、完璧にやりおおせるようになるには相当の時間がかかる。だから孟子は、まず性（本性）を知ることを先としたのだ。今の私の教え方も、孟子のその考えに則っているのであって、適当にやっているわけではない。私が拠って立つ信念は、『孟子』（尽心上篇）の最初に出てくる次の言葉だ。「孟子曰く、其《そ》の心を盡《つく》す者は、其の性を知る。その性を知れば、則ち天を知る」

この言葉が私の心の琴線に触れ、間違いないと確信したので、これをわが教えの根本としている。「聖人の道を知りたいと思う者は、必ず孟子から始めること」（聖人の道を観んと求むる者は、必ず孟子より始《はじ》む）と前述した『孟子集註』（序説）も記している。

※**朱子**　朱熹の尊称。南宋の思想家で、朱子学の創始者。四書に注釈をつけた『四書集註』（「論語集註」「孟子集註」「大学章句」「中庸章句」の四篇から成る）は、江戸時代の日本の儒学者に重用され、本書でも頻出する。同時代の儒者である周濂渓《しゅうれんけい》、張横渠《ちょうおうきょ》、程明道《ていめいどう》、程伊川《ていいせん》の著作を編纂した朱子学の入門書『近思録《きんしろく》』も有名。

※**其《そ》の心を盡《つく》す者は、其の性を知る**　其の心とは、「四端《したん》」と呼ばれる①惻隠、②羞悪、③恭敬、④是非の四つの心を指す。其の性とは、仁義礼智の本性を知ることをいう。

※その性を知れば、則ち天を知る　本性は天が命じるものであり、仁義礼智の本性を知ることは、すなわち、天を知ることになるという意味である。

文学は枝葉に過ぎない

【問】　ある儒者の話では、あなたは詩作や文章にうといということだが、儒者たる者は、仕事柄、大名に召し出される機会もあるだろう。詩文などを好む諸大名にはどう対応するのか。文学を知らなくては、ひとかどの儒者とはいえないと思うが、その点はどうか。

【答】　確かに。私などは、正確無比な文字を駆使した流暢《りゅうちょう》な文面の手紙の一通も書けない者なので、出仕など、どだい無理な話。文章力の稚拙さは自認しており、どこへも出仕しないから恥をかくことも少ない。儒者とは、元来、政治に関わる職種である。『論語』にも仁や政《まつりごと》を問う場面が多い。一方、詩作や文章を論じている個所はとても少ない。

孟子は徳を究めることや仁を全うすることを説いている。孟子は、その仁を知ることを教えている。だからこそ、「心を尽くして性を知る」と説いたのだ。大事なのは言葉の意味で、文字面は枝葉末節であることはいうまでもない。詩作や文章の上手下手だけを儒者の技量のように考えるのは間違っている。そういうことは、『論語』（子路篇）にも書かれている。

「孔子曰く、『詩経』（中国最古の詩集）の三百篇（正確には三百十一篇）もの詩を暗誦する能力には長《た》けていても、政治を任せてみると政務をこなせず、四方の国々に派遣されても一人でうまく折衝できず、たくさん覚えた詩は何の役にも立っていない」（子曰く、詩三百を誦《しょう》して之《これ》に授くるに、政《まつりごと》を以てすれども達せず、四方に使ひして、専《ひと》り対《こた》うること能《あた》わざれば、多しと雖《いえど》も亦奚《またなに》を以て為さん）

この原文にある「専《ひと》り対《こた》うる」（一人で立ち向かう）のは心である。「詩三百を誦《しょう》する」のは文章である。日本、中国を問わず、小さいことを見て大きなことに気づく者は、まれだ。文学を自慢するのは卑しいことだが、文芸も道を知る手助けになるのであれば、無視するには及ばない。

私は文学の道に弱いことを悔やんではいるが、武家ではない農家の生まれで家も貧しかったから、学問に励んでいる時間がなく、四十歳をいくつか超えた頃から今の教えの道を志した。そういう境遇なので、文学にまで手を伸ばせなかった。とはいえ、ただ恥ずかしいのは、誰かに手紙を書くときに文字の誤りが多いように思われることだ。読む人に大目にみてもらいたいと願うばかりである。

孝の道を問うの段

孝行は「仁義の心」で行うべし

【問】若い頃、自分は後先を考えずに行動していたので、親にもずいぶん不孝をしてしまったが、さすがに壮年ともなると心得もできたので、何の不孝もせず、精一杯努めてきたが、その程度の孝行は世間によくあることなので、どこそこの誰それと名を挙げられるほどの孝行をしたいと考えている。どのようにすればいいのだろうか。

【答】父母の心に逆らわないようにし、いつも柔和な笑みを浮かべて接し、親が心痛を感じないようにふるまうのが孝行というべきだろう。

【問】父母の心に逆らわないことや、いつも柔和な表情でいることは、簡単で実行しやすい。しかし、そうしたとしても家内で知られるだけで終わってしまい、世間で話題にされるところまではいかないのではないか。私がやってみたいのは、他人の目にもはっきりと目立つようなことである。

【答】 あなたがいっているのは、外聞にこだわるということであって、真心から親に仕えようとするのとは違う。世間の評判を気にすると、利欲への思いが強くなる。名声と利益への欲求が強くなると、仁義の心が必然的に薄れる。孝行は仁義の心で行うものだ。「君子は本《もと》(根本)を重視する。本が盤石となって初めて道ができる」(有子《ゆうし》曰く、君子は本《もと》を務む。本立ちて道成《な》る」(学而篇《がくじ》)にある。根本部分が既に完成していれば、道はおのずと開ける。『論語』が本といったのは、「親に仕えること」を意味している。名声を求めるのは、栄誉を喜ぶことだ。自分自身の名誉に執着する者には、孝行の意味がわからないだろう。

父母の心に逆らうようなことはしないと、あなたはいう。しかし、去年の暮れに伯父が「金を少し貸してもらえないか」と頼ってきたとき、両親は「用立てたい」といったのに、あなたが承知せず、少しも貸さなかったので、両親は気の毒に思い、「今後、自分たちが倹約するので、今回は用立ててもらえないか」と、あなたに再三頼んだと聞く。だが、あなたは聞き入れず、とうとう貸さなかったというではないか。その諍《いさか》いの最中、あなたの表情は柔和だったかどうか。言い争っているときの人の表情は温和ではないはずだ。

この一件を考えると、「親に逆らわない」「穏やかな表情で親には接する」という二つの心がけをあなたがそう簡単に実行できるとは思えないのだが、どうしたものか。

親を諫めるのは「孝」か「不孝」か

【問】『孝経』（諫諍章《かんそう》）が「親に間違いがあったら、子が諫《いさ》めると親は不義に陥らない。だから、もし親が不義に陥りそうなときには、子は父と争うべきである」（父に争子有れば、則ち（身）不義に陥らず。故に不義に當《あた》れば、則ち子以て父に争はざるべからず）と説いているではないか。人と争うときに、どうして穏やかでいられよう。父母に不義があって争うのは、聖人でも起こり得ることなのだ。私の争い方は『孝経』にならっているに過ぎない。

去年の冬、伯父が借金をする目的で訪ねてきた際に、親が融通したいと考えたことは不義に当たる。伯父も以前と違って暮らし向きが貧しくなっており、間違いなくいつ返すというめどが立たない状況にある。つまり、返せるあてもない相手に「貸せ」というのは、後先を考えない無謀なことだ。そのような不義を言い立てる者が、たとえ親であっても言い争わなければならない。父母がどのようにいおうが、家にとって損になることは承知できかねるというもの。自分が伯父に貸さなかったのは、後々、親に不自由な暮らしをさせないためだ。親の面前だからといって、こちらの損になることに目をつむるのは、いってみれば、親に甘い毒を食べさせるようなものだ。そのような毒を与えないようにするのが、真の孝行というべきではないのか。

それだけでなく、衣類や食事などは親が望むようにし、芝居見物などの遊興や寺社への参詣も自由にできるようにしているし、たいていの孝行はやっているつもりだ。ただし、孟宗《もうそう》（三国時代の呉の人で、「支那《しな》二十四孝」の一人）が「雪の日に老母がほしがったタケノコを掘って食べさせた」（筍《たかんな》を抜く）という故事のような立派なことをしない限り、孝行の至りと称賛されることはないのだろうか。

※『孝経』「孝」をテーマにした孔子と曾子《そうし》の問答集。十三経《けい》の一つ。

【答】あなたも少しは学問に励んだことがあるようで、『孝経』を引用してはいるが、いっていることは本来の意味から大きく外れている。「親に間違いがあったら、子が諫《いさ》めると不義に陥らない」というのは、こういうことだ。「親が道を外れたことをし、強欲で、あるいは主君を殺して国を奪い、部下は盗みなどの悪事を働く。そういった大きな不義があるときに、子が親の行いを善行へと改めさせるために争う必要がある」と、そういっているのだ。

しかし、あなたの場合は、親に仁義の心があって人を救おうとするのを、あなた自身の心に巣食っている「不仁不義」で拒み、争った。親を善行（善の道）へと導くべきところを、かえって悪行（悪の道）へと陥れてしまったのだ。そういうことがあってよいものか。

あなたのように書物を曲解して読む人も学問をしたとみなすのであれば、世間の人は「学問は不仁の根源だ」と思ってしまうだろう。そういう考えをする者は、学問不要を唱える罪人だ。元来、世間では書物を読むことだけが「学問」だと単純に考えて、「書物の心」を理解するようにしないから、あなたのように勘違いすることが多いのである。儒教の古典である「経書《けいしょ》」（四書・五経《きょう》・十三経《けい》など儒教の基本経典）は、どれも「聖人の心」を表したものだ。古も今も、聖人の心も、われわれの心も同じである。そういう心のありようを知った上で書物を読むなら、そこに書かれた言葉の意味は、自分の「掌《たなごころ》を指す」ように明白かつ正確に伝わってくるはずだ。

あなたが「義」といっていることは、すべて「不義」である。それに対し、両親の心は「義」に適《かな》っている。兄弟を捨てまいとする両親の志は、そうあるべき姿なのである。伯父といえば親も同然。たとえ両親ともに「貸せない」といったとしても、あなたから願い出て、少ない額であっても援助すべきなのに、その逆のことをして両親の意志に背くとは、親をないがしろにする罪深い人である。その罪の重さも知らずに、自分は親に孝行しているという、その愚かすぎる考えは論ずる以前というべきであろう。

※四書　儒教の経書《けい》（経典《きょうてん》）のうち『大学』『中庸』『論語』『孟子』。
※五経　儒教の経書（経典）のうち『詩経』『書経』『礼記《らいき》』『易経』『春秋』。「四書五経」とワン

ワードで登場することも多い。

※十三経《きょう》　「経」は「ぎょう」とも読む。宋代に決めた儒教の基本となる十三の経書（経典）で、『易経《えききょう》（周易《しゅうえき》）』『書経《しょきょう》（尚書《しょうしょ》）』『詩経《しきょう》（毛詩《もうし》）』『周礼《しゅらい》』『礼記《らいき》』『儀礼《ぎらい》』『春秋左氏《さし》伝』『春秋公羊《くよう》伝』『春秋穀梁《こくりょう》伝』『論語』『孝経』『爾雅《じが》』『孟子』を指す。経は「けい」「きょう」「ぎょう」と三通りの読み方がある。

「愛」と「敬」で父母に接する

【問】　あなたの説明には納得できないところが多い。出費するのがいやさに家業に励んでせっせと金を貯え、その金で父母を養うというのなら、その恩恵が親戚まで及ばなくても、世間は不孝者呼ばわりはしない。品行方正な人だというはずだ。だが、あなたは、そういう人たちも含めた全員が悪人で不孝者というのだろうか。

【答】　そのような者を私は「世間並みの人間」とは思うが、「親に仕える道」については知らない者といいたい。あなたは書を読みながら、書を読まない愚かな人たちを手本にするから、父母に仕える道がわからないのだ。『小学』（明倫篇）に以下のような一節がある。「公明宣《こうめいせん》は曾子《そうし》の教えを受けた。しかし、三年間、書物を読まなかった。曾子がそのわけを尋ねると、公明宣はこう答えた。どうして書物から学ぶ必要がありましょう。庭先に居られる先生を拝見していて気づいたのは、ご両親がいらっしゃる前では犬や馬を叱ったことが一度もないということです。そこから大きな学びを得たのですが、私にはそういうことがまだ実行できずにいます」（公明宣《こうめいせん》は曾子《そうし》に学ぶ。三年書を読まず。曾子曰く、宣参《せんしん》が門に居ること三年。何ぞ学ばざるや。公明宣曰く、安《いずくん》ぞ、敢《あえ》て学ばざらんや。宣夫子《ふうし》の庭に居るを見るに、親在《い》ませば叱咤の声いまだかつて犬馬に至らず。宣、之を説《よろこ》んで学べども、未《いま》だ能《あた》わず）

曾子の場合、親の前では犬や馬さえ叱ったり怒ったりしなかったのである。しかるに、あなたは、ただ親を養うことだけが「孝」と思っている。子游に「孝」を問われて孔子は、こう答えたと『論語』（為政《いせい》篇）に書いてある。

「今の世では両親を扶養することを孝といっているが、犬馬でも大切に養うことがある。そこに敬《けい》する心がなければ、犬馬を養うのと何ら変わらない」（子曰く、今の孝の者は、是を能く養うことを謂う。犬馬に至るまで皆能く養うことあり。敬せずんば、何を以て別《わか》たんや）

このような場合、父母に仕える道は「愛」と「敬」の二つになる。愛とは、慈しみ愛する心。敬は、慎み敬う心である。しかしあなたは、父母の命令に従わず、二人に心痛を与えた。心を痛ませるのは、愛する心がないからだ。「愛敬の心」がないのは、鳥獣に等しい。あなたが問うているのは、世間で褒めそやされるような「孝行」だ。もし「聖賢の孝」について聞きたかったら、「愛敬の心」を早く知ることだ。愛敬の心を知ったなら、聖賢の孝に到達できるようになるだろう。

親に逆らう不孝

【問】 私が尋ねているのは、親に仕えるやり方だ。その急な用件を差し置いて、単なる通り一遍の心を知れというのは、どういうことなのか。

【答】 「損することは受け入れがたい」というが、親に従わなければ、それは逆らうということだ。親に逆らうことほど大きな不孝があるだろうか。にもかかわらず、親のいうことを受け入れて出費するのは「義に反する」とあなたは思っている。そう考えるのは、心が愚かで、物事の是非を正しく判別できないからである。私がいっているのはすべての面で親に仕えるという道だが、あなたは理解できていない。心がわからないからだ。よって、心を知ることが急務となる。

【問】 損する話を受け入れたら、先祖から受け継いだ家を破滅させる道につながる。両親の申し出を受け入れなかったのは、物事の是非や善悪を判断した結果だ。なのに、是非を知らないとは、どういうことなのか。

【答】 あなたのいっていることは、どれ一つとして是非の区別がついていない。是非を論じてよいのは他人についてであって、父母について論じてはいけないのだ。ましてや、両親が世間に対して悪いことをしているわけではない。あなたは、親戚を救うという仁愛の心がそこにあるということに気づいていないどころか、逆に親を「不義の人」という。実に悲しいことだ。ところで、今あるあなたの財産は親から譲り受けたものか、それとも、あなた自身が稼ぎ出した財産で父母を養っているのか。

【問】前々からあなたも知ってのとおり、すべて親から譲り受けた財産だ。

【答】そんなに財産を譲られたのなら、両親に多少の出費が生じても、家が立ちいかなくなるほどのことはないのではないか。親の財産ならば、たとえ親が使い切ろうが、親の自由なはず。もし財産がなくなったら、あなたがどんなに賤しい仕事についてでも、金を稼いで養うべきである。ここに誰か人がいるとして、その人が「この財産は、わが身を捨《こ》てて苦労して稼いだものなので、両親を養うためには使えない」といって、両親を飢え凍えさせてしまうとしたら、「そうするのは当然だ」とあなたは認めるだろうか。

【問】いや、自分の財産では養えないからといって、父母を飢え凍えさせる者がいたら、人とはいえまい。

【答】そういう考えであれば、あなたも人として物事の是非をわきまえていることは明白だ。だが、親の財産を親の好きなようにさせないのはどういう理由からか。古代中国の舜《しゅん》王は、大孝《たいこう》（たいへんな孝行者）の君主である。親のためなら、取った天下を放棄しても、破れた藁靴《わらぐつ》を捨て去るように思っていたという。こういったことを知っておくことだ。

財産はいうに及ばず、わが身にしても、元をたどれば親の身なのだから、親が使いたいように使い、売りたければ売ってその金をどう使おうが、とやかくいえる筋合いではないはず。親の財産で親を養い、その余りでわが身を養おうとするのであれば、それは両親が早く死ぬのを待っているようなもの。そんな気持ちが心の中に宿っていると、必ず表情や言葉の端々に表れるので、両親は心を痛めることが多くなるはずだ。

古い医書（『素問《そもん》』）に「あらゆる病は気から」（病は気から生《しょう》ず）とある。父母に心痛を与えるほどの不孝はないのだ。

こんな話がある。昔、衛《えい》の国に宣公という君主がいた。その嫡男を「伋《きゅう》」といった。宣公は後に斉《せい》の国から宣姜《せんきょう》という女性を娶《めと》った。その宣姜は、二人の男の子を生んだ。兄は「壽《じゅ》」、弟は「朔《さく》」といった。宣姜と朔は、共謀して異腹の長男伋のことを宣公にあしざまに言い続けた。その結果、宣姜に溺れていた宣公は、次第に伋を憎むようになった。

そしてあるとき、伋を斉の国へ遣いに出し、賊に命じて途中で待ち伏せさせ、殺そうとした。壽はそのことを知り、「これは、弟の朔が謀《はか》ったことだ」と考え、兄の伋に告げて命を救おうとした。すると、伋は「父の命だ。逃れることはできない」といって、助命の申し出を聞き入れなかった。壽は仕方なく、斉の国へ派遣されるときに伋が掲げ持つ印の旗を盗み取って、伋になりすまして自分が死のうと考え、伋より先に出かけたのだった。

そんなこととは露知らぬ賊は、目印の旗を確認すると襲い、誤って壽を殺した。そこへ遅れてやってきた伋が「父の命だ。我を殺せ。壽に何の罪がある」といったので、賊は伋も殺してしまった。伋は父の命を守り、宣姜の悪事を公にすることなく、逆らうこともせずに自身の命を失ったのである――。

さて、あなたは、少しの金のことで親の命令に逆らい、自分の欲得の心で親の心を傷つけた。昔の聖賢の孝行と比べると、あなたがやったことは心のない木石と何ら変わらない。家に帰ってじっくりと考えることだ。

武士の道を問うの段

主君に仕える臣の心得

【問】私の倅のことだが、このたび、お武家様のところへ奉公に出した。それで、武士としての道というものをどのように申し聞かせたらよいものか、お尋ねしたいのだが。

【答】私は農家の出なので、武士のことを詳しく知っているわけではないが、書物から得た知識でなら答えられる。まず、君主に仕える者はすべて「臣」と総称している。後漢の許慎《きょしん》が著した中国最古の辞書『説文解字《せつもんかいじ》』（第五巻）に「臣は君主に牽引される。それが君主に仕えるということだ」（牽《ひ》かるるなり。君に事《つか》ふるなり）とあり、心は常に主君に向けられるのである。だが、世間には、俸禄を得たい一心で君主に引き寄せられているように見える者もいる。『論語』（陽貨篇《ようかへん》）に参考になる記述がある。

「子曰く、心が卑しい者とは一緒に君主に仕えるべきではない。そういう輩《やから》は、地位や俸禄をまだ得ていないと、手に入れようと思い悩む。すでに手に入れていたら、失うまいと必死になる。そしてそれを失いはしまいかと思い悩むときは、どんなことでもする」（子曰く、鄙夫《ひふ》は与《とも》に君に事《つか》うべけんや。其の未だ之を得ざれば、之を得んことを患《うれ》う。既に之を得るときは、之を失わんことを患う。苟《いやしく》も之を失わんことを患うるときは、至らざる所なし）

禄を得たいと願う欲が少しでもあると、主君に仇《あだ》をなす原因となりかねない。昔から不忠に走る者は、禄をむさぼろうとする心に端を発している。臣が主君に導かれて道を知ろうとするなら、舜《しゅん》が堯《ぎょう》王に仕え、伊尹《いいん》が殷王朝の湯《とう》王（創始者）および太甲《たいこう》（第四代）に仕え、周公旦《しゅうこうたん》が殷を滅ぼした周王朝の武王（創始者）や成《せい》王（第二代）に仕えた例が参考になるだろう。今という時代に君主に仕えている者も、欲得の心を捨て去り、昔の人を見て手本にしなければならない。前記の人物のほか、殷王朝の紂《ちゅう》王（最後の王）を諫《いさ》めた王子比《ひ》干《かん》もいる。これらの人々は、いずれも義をつくしながら、心が常に主君に向いていたから、今の時代に臣の道を正す模範とされるのである。

【問】　私は無学なので、難しい質問はできかねる。だから、できるだけわかりやすく語ってほしい。私は、一年間、伊勢神宮へ参詣して、そこの神主に「この大神宮の御教えを示していただきたい」と請うたところ、こういわれた。「こちらの神の御教えは、ただただ正直であることが善だとしている。親への孝、主君への忠を心がけ、愚直に家業に精を出し、ほかのことに心を奪われないようにし、それでも罪咎《とが》があるようなら、その罪咎の責め苦は某《それがし》が受けよう」と。わかりやすい教えだと思ったので、「もう少し難しい御教えがあるようなら、お示し願いたい」と伝えると、恩師となったその神主が「某が今いったことが、たやすく実行できるようなら、改めて教えよう」といわれた。

簡単なことだと思って実行しようと努力したが、まず正直というのが守れなかった。孝や忠もいまだに実行できていない。そんなありさまなので、家業に情熱を注ぎ、余計なことに気を散らさないようにすることなども、一生かけても実行できそうにない。それにしても、そうしたことを考えれば考えるほど、何という高遠な目標なのだと、まるで人ごとのようにただただ感心するばかり。そんなわけで、今、私が話したような感じで、わかりやすく簡単に教えてほしい。

【答】　なるほど。そういうことは、よくある話だ。『論語』（顔淵篇《がんえんへん》）に「樊遅《はんち》が仁を問うと、孔子は、人を愛することと答えた。知を問うと、人を知れと答えた」（樊遅、仁を問う。子曰く、人を愛す。知を問う。人を知る、と）とある。仁を知ることはとても難しいが、孔子は、このような短い言葉で説明しつくした。文字で説くのではなく、言葉で説く方が人を諭《さと》しやすく、好都合ではなかろうか。幸か不幸か、私も学問をしたとはいえない身であるから、あなたの体に備わっているものを例にして簡単に説明しよう。

ところで、手足は口に使われていることを理解しているだろうか。口が食事を取らないと、手足は平穏無事でいられなくなる。だから、手足は苦労しながら口に一生使われ続けるのだが、潔くないなどとは少しも思わず、口に忠をつくしてよく仕える。

主君に仕える臣の道も、手足が口に使われることを手本にするとよい。臣下の食事は、主君から給わる俸禄である。その禄がなければ、命をつなげない。よって、武士は、わが身を主君に委ね、主君の身に代わって立ち働き、露や塵ほどもわが身を顧みることがないように努める。それが臣としてのあるべき道なのだ。手足がいつも口に使われていることと、わが身が主君に仕えることとの間に違和感を覚えるようなら、「不忠」に陥っている可能性が疑われる。このことを法として守るなら、どの国のどの藩に仕えようと、臣としての道を踏みはずすことはないだろう。

臣は政治に従うもの。君主が臣を使うときは、正しい道で対処しないといけない。古の聖人の時代には、君主は万民をわが子のように思い、民の心を自分の心とみなして政治を行った。「『詩経』（小雅《しょうが》南山有臺《なんざんゆうだい》の篇）に『徳のある楽しげな君子は、民の父母だ』と謳われている。民が好むことを好み、民が憎むことを憎む。これを民の父母というのである」（詩に云く、「楽只《たのし》き君子は民の父母なり」と。民の好む所は之《これ》を好み、民の悪《にく》む所を之を悪む。此《こ》れを之《こ》れ民の父母と謂《い》ふ）と『大学』（伝十章）にも記されている。だから、聖人は没してからも民がその遺徳を慕って忘れないといわれているのだ。この意味を忘れないことだ。

同様に、忠義の臣も、後の世まで名を残し、天下の人に愛され続ける。士としてのあるべき姿については、『礼記《らいき》』（曲礼《きょくれい》）に「四十を強《きょう》と曰ふ、仕《つか》ふ」とあり、同書の注釈書『礼記大全』は「四十歳になったら、志を強く立てて、利害に心を動かさないようにし、運不運・幸不幸も気にせず、出仕すべきである」（四十は志気賢定《けんじょう》。強く立ちて反《さから》わず、利害に奪われず、禍福を牀《おそ》れず、以て出《いで》て仕《つか》ふべし）とする永嘉戴《えいかたい》の註を記している。

※禍福を牀《おそ》れず　岩波文庫は「牀《うれ》へ」としている。

※四十を強《きょう》と曰ふ、仕ふ　「生まれてから十年が経った者を『幼』といい、学習し始める。二十歳を『弱《じゃく》』といい、冠をかぶって成人となる（弱冠の起源）。三十歳を『壮《そう》』といひ、妻をめとる。四十歳を『強』といい、仕事で一人前となる。五十を『艾《かい》』といい、長として上に立ち、大勢の人を使う。六十を『老』といい、自分では動かず、人を指示して使う。七十を老といふ、後継者に仕事を伝える。八十歳、九十歳を耄《もう》という」（人生《う》まれて十年を幼《よう》と曰ふ、学ぶ。二十を弱と曰ふ、冠《かんむり》す。三十を壮《そう》と曰ふ、室あり。四十を強と曰ふ、仕《つか》ふ。五十を艾《かい》といい、官政に服す。六十を耆といい、指使《さしてつか》ふ。七十を老と曰ひ、伝《つた》ふ。八十九十を曰ふ）

中国の「士道」と日本の「武士道」

【答】 士《し》の道は、何をおいても、まず心を知って志を決めることだ。「士とは何を心がけたらよいのか」（士は何をか事《こと》とす）と塾《てん》（斉の王子）に尋ねられた孟子は、「高尚な志を持つことだ」（志を尚《たこ》うす）と答えている。「高尚な志とは、どういうことか」（何をか志を尚うす）と王子がさらに問うと、孔子はこう続けたと『孟子』（尽心上篇）は記している。

「『仁義』に徹することだ。たった一人でも罪のない人間を殺したら、そこに『仁』はない。自分の所有物でないものを奪い取るのは、『義』ではない。自分の拠って立つ信念は何かといえば、それは『仁』である。進むべき道はどこかといえば、これも『義』である」（孟子曰く、志を尚《たこ》うす。曰く、何をか志を尚うすと謂《い》ふか。曰く、仁義のみ。一《ひとり》にても罪なきを殺すは、仁に非《あら》ず。其の有《ゆう》にあらずして之を取るは、義に非ず。居悪《きょいづ》くにか有る、仁是《こ》れなり。路悪《みちいづ》くにか有る、義是れなり）

同じく『孟子』（告子上篇）にも「命も義も守りたいが、命と義のどちらかを選ばないといけないなら、私は生を捨てて義を取る。よって、死を憂える思いが避けられないのだ」（生を舎て義を取らん。〈中略〉故に患《うれえ》も辟《さ》けざる所有るなり）とある。

武士たる者は、このことをじっくりと吟味すべきである。だが、世の中には、「武芸に励むだけが武士の道」と心得違いをしている者も多い。真の志がない輩は、士の中に入れるべきではないのだ。『論語』（泰伯篇）に、「周公のような才能に恵まれたとしても、人柄が傲慢で吝《けち》なら、ほかにどんな取柄があったとしても目を向けるまでもないことだ」（子曰く、周公《しゅうこう》の才《さい》の美《び》有りといえども、驕《おご》り且《か》つ吝《やぶさか》ならしめば、其の余は観《み》るに足らざるのみ）

一方、心が正しく愚直な生き方を貫いているなら、ほかに少々不足があっても、士と呼んでかまわない。『論語』（憲問篇）には、士たる者の「恥」について弟子の原憲《げんけん》から尋ねられた孔子は、「国に正義や礼節といった道徳が行き渡っているときに仕官して禄を受けるのはよいが、道徳が廃れているときに仕官して禄を受けるのは恥だ」（邦《くに》道有るときは穀す。邦道無きときは穀するは恥なり）と答えている。

善政が行われている時代に運よく禄を得たとしても、大して役に立たないのは恥ずべきことである。ましてや君主が正しい政道をわきまえず、国が治まっていないのに君主を諫めることもできず、ただ禄を食《は》み続けて身を引こうと思いもしないような臣は、これまた大いなる恥である。このあたりのことをよく考えることだ。

以上が、「武士としての志」の大まかな概略である。仕事の詳細については、仕えた武士の家で尋ねたらよろしい。

※士　中国の故事では「し」と読むが、梅岩は日本の武士を「士」とし、「さむらい」と読ませている。

商人の道を問うの段

「いい買い物をした」と思われる商品を売れ

【問（ある商人）】 私は、いつも品物を売ったり買ったりすることを生業《なりわい》としていながら、商人としての正しい道の意味をよく理解できずにいる。主にどんな点に注意して商人として世渡りしていったらよいのだろうか。

【答】 遠い昔、自分のところで余った物を、不足している物と物々交換することで相互間に流通させたのが、商人の発祥《おこり》とのことだ。商人は、銭勘定に精通することで日々の生計を立てているので、一銭たりとも軽視するようなことを口にしてはならない。そうした日々をこつこつと積み重ねて富を貯えるのが、商人としての正しい道である。

その場合の〝富の主人《あるじ》〟は誰かというと、世の中の人々である。買う側と売る側という立場の違いはあっても、主人も商人の自分も互いの心に違いはないのだから、一銭を惜しむ自分が気持ちから推し量って、売り物の商品は大切に考え、決して粗末に扱わずに売り渡すことだ。そうすれば、買った人も、最初のうちは金が惜しいと思うようなことがあっても、商品のよさが次第にわかってくると、金を惜しむ気持ちはいつの間にかなくなるはず。金を惜しむ気持ちが消え、いい買い物をしたという思いへと自然に変わるのである。しかも、天下の財を流通させることで、世の中の人々の心や生活を安定させることにもつながるので、天地に季節がめぐって万物が生育するのと相通じるものがあるといってよいのではないか。

そのようにして富が山のように築かれたとしても、その行為を欲得というべきではない。青砥左衛門尉藤綱《あおとさえもんのじょうふじつな》（北条時頼に仕えた鎌倉時代の武士）が、欲得からではなく、世の中のために一銭を惜しんで、川に落とした十銭を探させるために五十銭を費やした有名な故事の意味をよく吟味することだ。そのようにすれば、国のお達しである倹約令に適い、天の命にも合致して好都合で幸せになれるだろう。自身の幸福が万民の心を安心させることにつながるなら、それこそ〝世の宝〟とでも呼ぶべきで、天下泰平を祈願するのと同じ効果がある。

いわずもがなのことではあるが、商人は、国の法をよく守り、わが身をよく慎まなければならない。商人といえども、人としての道を知らずに金儲けをし、しかも不義の金を儲けるようなことがあっては、やがては子孫が絶える結果を招きかねない。心底から子々孫々を愛する気持ちがあるなら、まず人としての正しい道を学んで家業が栄えるようにすべきであろう。

播州の人、学問の事を問うの段

「学問の力」とは何か

――あるとき、播州《ばんしゅう》（播磨国《はりまのくに》の別称。現在の兵庫県南部）の人が上京し、泊まっている宿屋の主人を同伴して私の塾へやってきて、あれこれ話をしたことがあった。

【問】　私には愚息が一人おり、学問することを望み、「短期間でいいから京都へ行かせてほしい。『小学』や『大学』の講釈ぐらいは受けたい」と、たびたび懇願するので、その話をあなたにするのはいささか気がひけるのだが、相談に乗ってもらえないだろうか。

聞くところによると、播州では姫路あたりにも家が裕福で田をたくさん持っている者などが、自分の息子に学問をさせたところ、後にいろいろ厄介なことが起きたとのこと。その点、私のところはたった一人の息子が切に望むことでもあり、学問をすることで少しは賢くなってもらいたいと私も思いはするものの、人柄が悪くなるのではないかと不安に感じ、まだ上京させずにいる次第で――。

【答】 学問に関する厄介なこととは、どんなことなのか。

【問】 学問をさせた姫路界隈の息子の十人中七、八人は、商売や農業をいい加減にし、おまけに帯刀を望むなど、自分が偉くなったと錯覚して他人を見下すようになり、親に対しても、さすがに面と向かっては不孝な行いはしないものの、ときには親を文盲《もんもう》のように思っているような顔つきをすることもある。いずれにせよ、人聞きのいい話ではない。

親たちは、自分の息子が陸《ろく》すっぽ返事をしない理由を、そのようにふるまうのが学問の徳ではないかと考えたりもするのだが、ただ単に親は黙っていればいいと思っている顔つきのようにも見え、どの家の息子もそれ以前にも多少なりとも学問をしているので、親たちが遠慮している節もうかがえる。そういう先例があるので、私の愚息もそうなっては困ると思い、上京させる勇気が出ないのだ。どのようにすればよいのだろうか。

【答】 学問とは、そういったことを直すためのものだ。あなたは城下の住まいとのことだが、ここ京都と違って、何分にも田舎だから、そういうことが起きるのかもしれない。

【問】 そうではない。学問をした息子たちのうちの七、八割は、京都でも名を知られた先生について学んでいるのだ。

【答】 あなたの話を聞いていて思うのは、そうやって学んだ者がことごとく人倫（人の道）に反しているということだ。正しい教えの道が目指すのは、人倫を明らかにすることだけなのだ。師たる者は、たとえ教える相手が敵であったとしても、聖人の道に背いた教え方をすることは許されないのである。

学問の道というのは、まず自分自身の行いをよく慎み、義の心で主君を尊び、仁愛の心で父母に仕《つか》え、信の心で友と交わり、人をわけへだてせずに愛し、貧窮した人には同情し、功徳《くどく》があっても決して誇らず、衣類からさまざまな道具に至るまで倹約を心がけ、華美を求めず、家業をおろそかにせず、家計は収入に合わせて支出を抑え、法をきちんと守って、家をよく治める。学問の道のあらましは、このようなものである。

本当の親心とは

【問】今のその話の中で、わからない点がある。衣類を華美にするなという。だが、わが子にはよその子より少しでもよいものを着せたいと考えるのが、親心というもの。それに、子どもが粗末な格好をしていると父母の心を傷つけることにもなり、かえって不孝ではないか。

【答】親の思いを無視して子どもに粗末ななりをさせろといっているのではない。私がいっているのは、「倹約しなさい」ということだ。正しい道がよくわかっている親なら、礼に背いてまで奢《おご》ることを喜びはしないだろう。孔子（『論語』八佾篇《はちいつ》）も「贅沢に走らず、倹約せよ。それが人としての礼である」（礼は其《そ》れを奢らんよりは寧《むし》ろ倹《けん》）といっている。少し礼を欠くだけでも、大きな奢りの害を生むということを知っておきたい。

正しい道にうとく、奢ることを好む父母でも、何もかも自分たちの思いどおりになるわけではない。これを喩えでいうと、盗癖のある父母がわが子に盗みを勧められるかということだ。わが子に盗癖があると知ったら、人に気づかれないうちにやめさせようとするのが、本当の親心というものである。子も、親の心を知れば孝行の道をないがしろにしなくなり、父母が悪事に走ろうとすれば押しとどめて、正しい道へと向かわせるようになる。正しい道がわかる父母なら、以心伝心で子の心を理解し、正しい生き方へと向かうはず。これが、学問の力なのだ。

不平をいわず、高望みをしない

【問】あなたのいうとおりだとすれば、愚息に学問をさせても大きな問題にはならないだろう。だが、こんなことをいう者もいるのだ。「今のように学者のしきたりが悪化しているのは、弟子に問題があるからではない。儒者ともあろうものが、聖賢の心を理解せずに教えるから、自分に克《か》ち、古《いにしえ》の礼に立ち還《かえ》ることを知らない。しかも自身に禄を得たいという願いがあるから、礼をつくして進み、義を感じて退くというようなことができない。学ぶ者は、師のそうした礼にもとる態度をまねるから、自分の文学の知識を自慢したり他人を見下したりするのだ。こういうのが、学問の弊害である。その原因を探ると、師たる人物が求める名聞（世間の評判・名声）や私利私欲にゆきあたる。それが自然に弟子に伝染しただけの話であって、弟子に問題があるわけではない。まさに師の問題だ」と。どういうことなのか。

【答】　そういうことは口にすべきではない。『論語』（子張篇）に「子貢《しこう》が子禽《しきん》にいうには、君子はたった一言いうだけで賢者とされるし、たった一言いうだけで賢者ではないとされる。言葉には慎重を期さねばならないということだ」（子貢子禽に謂いて曰く、君子は一言を以て知ると為す。一言を以て知らざると為す。言慎まざずんばあるべからず）

世の中のどこにどれくらいの数の儒者がいるのかはよく知らないが、『論語』を読まない儒者などありえない。朱子は、『論語』に注釈を加えた『論語集註』（序説）に「孔子は成人して米穀倉庫の出納官吏を司る役人になったが、米穀の量《はか》り方は公平そのものであった」（孔子長じるに及んで委吏《いり》となる。料量平《りょうりょうたい》らかなり）と書いている。

孔子は、そのとき薪や牧草や材木などを取り集める役職についていたが、大聖人としての徳がすでに備わっていたので、その仕事を不満に思うことがなかったから、計量が公平で勘定に狂いが生じなかったのである。このことは、言葉を換えれば、天命に粛々《しゅくしゅく》と従っていたということになる。

『論語集註』（序説）は、先の記述に続けて、孔子はさらに「司職の吏」となったと記しており、そのときの役目だった牛や羊の飼育に従事したが、牛や羊はどんどん大きくなり、どんどん増え続けた。そのときも、孔子は天命を心静かに受け入れていたのである。士農工商のいずれに従事する者も、そういう生き方を模範として自分の今の家業に満足することを知るべきである。『論語』を読む者に、この程度のことがわからないはずがない。

総じて「道を知る」ということは、今の自分が置かれた立場に不満を唱えず、高望みをしないように自分を戒めることであり、それを「学問で得られる徳」としているのである。その点、あなたの話に出てきた諸学生はどうかというと、そういうことさえ知らないにもかかわらず、帯刀を望み、教えの道をろくに理解できてもいないのに、恩師に難癖をつけるというのは大間違いだ。

そういう学生たちに教える者については、儒者になっても聖賢の域にまで達していなければ、禄のことが頭をかすめもしよう。その程度の儒者でも、「禄を気にかける気持ちがあったら、仕官してはいけない」というくらいのことはわかっている。だからこそ、禄を望む気持ちを抑え、義に背く禄は受けないようにしているのである。

自分の今の境遇は天命だと考えなければならない。そうすることは、孔子を手本としている。その意味がわかるようなら、今の自分の職分をおろそかにする心は生まれないはずだ。また、もし藩主から召しかかえたいと声がかかるようなことがあっても、「自分はそのような器ではない」と、とりあえず辞退すべきである。仕官するかしないかということに心を乱されてはならないのだ。

『論語』（子罕《しかん》篇）は、こういっている。「美しい玉を箱に入れておくべきか、売るべきか」と子貢に尋ねられた孔子は、「売りたい。売りたい。私は買ってくれる商人を待っていると答えた」（之を沽《う》らんかな。之を沽らんかな。我は賈《こ》を待つ者なり）と。賈《こ》（「あたい」とも読む）を待つは、「士たる者は、礼をつくして招かれなければならず、たとえ飢え死にしようとも自分の方から仕官を望んではならない」という意味である。これほどはっきりと説かれているのにわからないようでは、『論語』を読んだと胸を張る資格はない。

誰であれ、仕官するのは、主君に過ちがあれば諫《いさ》めて正し、国をきちんと治めるためだ。俸禄を求める邪心が少しでもあって仕官すると、どうしても得た禄を失うことを恐れてしまう。禄に心を奪われた者には、主君を諫めて正すことなど思いもよらないだろう。たとえ、どんなにたくさんの本を読み、世間で「博学」といわれようとも、主君を不義に陥れるような者を学者といってよいものか。

その昔、冉求《ぜんきゅう》（孔子の弟子）という者がいて、季氏《きし》（魯の高官である大夫《たいふ》）に家宰《かさい》（封地《ほうち》の取締役）として仕えたが、気の弱い性格が災いして季氏を諫めることができず、かえって税収を増やすことで季氏を豊かにする手助けをした。そのことを知って、孔子は冉求を厳しく叱った。禄を望んでいる者が主君に仕えると、自ら失敗し、恥を受ける結果を招くという教えだ。

心を知れば、学問は上達する

【答（続き）】 ところで、あなたは「儒者たる者は、聖人の心を知らない」というが、どういうことか。心は体の主人《あるじ》である。かつまた、「儒は、その徳で体を潤す」（儒有り、身を澡《そそ》ぐに徳に浴し）と『礼記』（儒行篇）も記しているように、「儒」とは「濡」であって「うるおす」という意味なのだ。「体をうるおすことは、心をうるおすこと」と理解すべきである。朱子の『孟子集註』（序説）にあるように、『孟子』という書物も「心上《しんしょう》」（心のありよう）から説き始めている。「心を知る」と志が強くなり、「義理」（義の道理）がよくわかるようになるので、学問は上達する。だが、「心を知らない」と、せっかく学問をしても、ぼんやりとした状態で自己流でやるので、何かに気づいたり新しいことを発見したりする可能性がない。

『近思録《きんしろく》』（道体類《どうたいるい》）に、次のような文章がある。

「医書に、手足が麻痺して感覚がなくなることを不仁《ふじん》というと書いてある。この言い方は実に的を射ている。仁者は、天地万物と心が一体になる。だから、目に触れるものが自分の心と異なることはないのだ。もしも自分以外の者が自分の心と同じでないと、相互間の意志疎通が不通となり、手足が麻痺しているようになる」（医書に手足の痿痺《いひ》を言ひて不仁《ふじん》と為す。此《こ》の言《げん》最も善く名状《めいじょう》す。仁者は天地萬物を以て一體《いったい》と為す。己《おの》れにあらざるなし。若《も》し諸《しょ》己れにあらざれば、自《おのず》から己れと相干《あいあづか》らず、手足の不仁の如し。気已《すで》に貫かず、皆己れ屬《つづか》ざるが如し）

まさに聖人は、終始一貫して自分自身の心で天地万物を把握し、それらと一体になっているのである。したがって、師たる者がその心を正しく理解できないと、何を模範として教えたらいいのかもわからず、人の心を正すことなどできないのである。ところが、師として一家を成す儒者が心を知らないという。

あなたの国元などでも、書物をよく読み、文章力も優れている者が教えていると、そういう人も儒者とみなすだろう。だが、聖賢の心を知らずに教えているのであれば、そういう人物は取るに足らない小さな儒者に過ぎず、〝歩く本棚〟とでも呼ぶべきだろう。それに対し、「君子の儒者」とも呼ぶべき立派な儒者は、常に学ぶ者の心を正し、徳のある人間へ導くことに目的を絞っている。君子の儒者とは、自身の文才を自慢せず、欲得とか世間の評判なども念頭に置かず、ひたすら人としての道を志している儒者をいうのである。
だが、心を知るというのは遠い昔の聖賢の時代のことであって、今の時代に生きている者が心を知ることはできないとする考え方もある。釈迦の「末法万年《まっぽうまんねん》」（釈迦入滅後は正法《しょうほう》千年、像法《ぞうほう》千年、末法万年）という教えだ。しかし、あなたは、一方で仏教の悪口もいいながらも、自分に都合のよい「末法の世では仏の道は衰える」という教えだけを認めて、自分の意見とするのはどういうことか。孟子は、「今から十代後のことを知ることができるか」と子張に尋ねられたとき、「百代後も変わらない」（百世《ひゃくせい》と雖《いえど》も知るべきなり）と答えたではないか。このような道理を理解せずに、書を講じ、人を教えることがあってはならないのだ。

心を知るとはどういうことか

【問】そういうあなたは、心がわかって教えているのか。それにしても、「心を知る」とは、どういうことなのか。

【答】心は、言葉で簡単に伝えられるようなものではない。「心は体《たい》（本体）だ」という者もいる。心を物に喩えていうと、玉（球形）の鏡のようなものだ。四方も上下もすべて映し出す。程子《ていし》（宋代の儒学者兄弟程顥《ていこう》・程頤《ていい》の尊称）のいう「聖人の心、明鏡止水《めいきょうしすい》の如し」

（明鏡は、よく映る曇りのない鏡。止水は、流れずに静止している澄んだ水面）が、これだ。

そのほか、「心の働き（作用・役割）」として説明する者もいる。『孟子』（告子上篇）の「心の役割は、思うことを司《つかさど》ることである」（心の官は思うことを司る）というのは、それだ。人は飢えると何か食べたいと思い、喉が渇くと水を飲みたいと思う。孔子（『論語』季氏篇）のいう「視ることは物事の是非や善悪を見極めようとするため、聴くことは理解しようとするため、人の顔を見るのは無礼がないようにするためである」（子曰く、視ることは明《めい》を思う。聴くことは聰《そう》を思う。色は温《おん》を思う。貌《かたち》は恭《きょう》を思う）が、それだ。おしなべて、聖人は天地万物をわが心とするが、そういうことは口でいって理解できるものではない。自分自身で努力して会得するしかないのである。

『詩経』（大賀篇）の「烝民《じょうみん》」と題する詩に「天が多くの物を生じる。それらの物には規則がある」（天生烝民《てんしょうじょうみん》、有物有則《ゆうぶつゆうそく》。天烝民を生ず、物有れば則《そく》有り）という一節がある。これを父と子の関係にあてはめると、子を慈愛するのは父の心であり、父に孝行するのは子の心である。すべて、このようなものなのだ。

このことは、一見、わかりやすいように思えるが、一度こうであると確信し、それを疑う気持ちがなくならないと、正しく理解することはできない。そのような確信は、信念がよほど堅固であって初めて成り立つ。したがって、親から子に譲り渡すことはできないし、師も弟子に伝えることができない。自分で理解すれば、師は認めてくれるのである。

しかし、このことは孔子や孟子も説明していないのだが、孔子は「天は何かを教えるだろうか。だが、四季は循環し、万物は生成している。天は何かを教えるだろうか」（天何をか言うや。四時《しじ》行われ、百物《ひゃくぶつ》生ず。天何をか言うや）と『論語』（陽貨篇）で語っており、正しい道が隠れているわけではないのだ。孔子は、そのように解き明かしてはいるが、「四季は循環し、万物は生成している」とはどういうことかと気にとめる者は非常に少ないのである。

『荘子』（天道篇）に、扁《へん》という名の桶大工《おけだいく》が、斉《せい》の君主桓公《かんこう》（在位紀元前六八五～六四三年）が聖人の書を読んでいるのを見て、「聖人の意《こころ》を知らずにその書を読むのは、酒粕《さけかす》のようなもの。本来の味はすでに失われている」（君が読み給ふ所は古人の糟粕《そうはく》のみ。正味は已《すで》に失《う》せたり）と諭した話が出てくる。

どういうものが本来の味なのかというと、桶大工が輪を削るような塩梅《あんばい》で、「ゆるめに輪を作ると、抵抗なくすんなり入るものの、堅固なつくりにはならない。その逆に、きつめに輪を作ると、今度はなかなか入らない。ゆるからず、きつからず。その感触を手で会得し、心に刻む。それを言葉で言い表すことはできない」（輪を斲《けず》ること、徐《しづか》なれば、甘《なめらか》にして固《かた》からず、疾《と》くすれば、苦《きび》しくして入らず。徐《しづか》ならず疾《と》からず。之《これ》を手に得て之を心に応ず。口に言うこと能《あた》わず）と扁がいったというのも面白い。

心を知らずに法を説くのは、桶大工の噂を伝え聞いて輪を削るようなもの。心にずしんと落ちるやり方でないと、桶ができても水を溜める用をなさない。教えの道も、それと同じなのである。だからこそ、心で知ることが肝要になるのだ。

『論語』（為政篇）に「七十歳になって心の命じるままに行動しても、人の道を踏みはずさなくなった」（七十にして心の欲する所に従えども、矩《のり》を踰《こ》えず）とある。このように、心の欲するとおりに行って、それが天下の手本となることは、賢人にもまねのできることではない。だが、心を知るという点では誰も同じだ。

それを何かに喩えると、水のようだ。聖人が広い海に大きな船を浮かべて、天下の財を運んで、万民を養うようなもの。あるいは、賢人が大河の水を利用して、一国の財を運んで、別の一国を養うようなもの。われわれのような小さな人間は、小川の水で、五町から七町（約五万〜約七万平方メートル）程度の田地を浸《ひた》して、一家を養うようなもの。世の中を助ける方法には違いがあるが、その水が四海にたどり着けば、どれも同じ水となる。

心を知るということも、そのようなものなのだ。聖賢と呼ばれるようになるまでには、上・中・下といった違いはあっても、学び続けるならば、ついには聖賢の域にたどり着けるという点は同じである。われわれのような凡人は、欲を抑え、悪いことはしないようにして刻苦勉励し続けるなら、少しずつそこへ近づいていることがわかるはずだ。

――ここで、質問者である播州から来た客は退室。

【問（別の客）】 あなたが今の客に話したとおりであるなら、書を講じて弟子を集めている世の中の儒者は、一人残らず、聖人の心を知って教えているということになるのか。

【答】 いや、そうではない。ただ単に書を講じるだけでは、「真の儒者」とは言い難い。生まれ持った「本性」を自覚して自身を濡《うるお》している者を真の儒者というのだ。汗牛充棟《かんぎゅうじゅうとう》という熟語で示されるような膨大な量の書物を読破したとしても、「性理」というものがわかっていない者は、朱子が『大学章句』（序）で述べた「書物の文章をただ暗誦させるだけの俗物の儒者」（俗儒《ぞくじゅ》の記誦詞章《きしょうししょう》の習い）でしかなく、真の儒者ではない。

あなたも、どこかで儒学の講義を聴くことがあれば、俗物の儒者と真の儒者の違いを見極めないといけない。そうしないと、播州の客がいっていたように、学問にのめり込んで家業をおろそかにして不孝の原因となり、大きな障害となる。心を求め、心を会得して教える儒者が真の儒者である。『孟子』（告子篇）は「貴くなりたいと願う心は、誰も同じだ。誰もが自分の中に貴いものを持っているのに、それに気づかないだけだ」（貴からんと欲するは、人の同じ心なり。人人己れに貴き者有り、思わざるのみ）といっている。この言葉の意味をじっくり噛みしめてほしい。

巻之二

鬼神を遠《とお》ざくと云う事を問うの段

日本の神道と中国の儒教の違い

【問（ある人）】　わが国の神道と中国の儒教の道は、異なるところがある。『論語』（雍也《ようや》篇）に、孔子が弟子の樊遅《はんち》に「鬼神《きしん》（先祖の霊魂）を敬《うやま》うが、遠ざけておく。これが知というものだ」（鬼神を敬《けい》して之を遠《とお》ざく。知と謂ふべし）と告げたと書いてある。だが、日本の神道はそうしない。中国も日本も神という呼び名は同じなのに、このような違いがあるのはなぜなのか。

【答】　あなたは、わが国の神々（神明《しんめい》）については、どのように心得ているのか。

【問】　わが国の神明は、「慣れ親しんで近づくこと」を根本としている。神から遠ざかるのは敬っていないことを意味する。よって、何かを望み願うことがあれば、願文《がんぶん》を書いて神明に祈る。そして、その願いが成就した暁には、願状に記した神との約束事を守って、たとえば、鳥居を立てたり社《やしろ》の修復を行ったりといったことを実行することになる。
このように、神々は人々の願いなどを受け入れてくださる。一方、聖人は「敬って遠ざける」といっており、両者間には雲泥の開きがある。このことからいえば、儒学などを好む者はわが国の神道に背いており、罪人とみなされるのではないか。

【答】いや、「敬って遠ざける」の意味はそういうことではない。外神を祭るときは、敬い親しむことを主とする。したがって、正しい道を外れた汚らわしい願いは遠ざけられる。先祖を祭る祭礼では、「孝」が主体なのだ。ただし、そうすることは、遠ざけることではない。敬って遠ざけるというのは、大きく間違えた解釈である。「神は、人間の非礼を許容されない」と『論語』（八佾篇《はちいつ》）にあるように、非礼な願いを持って神に近づけば、不敬《ふけい》になる。不敬は、敬うことを遠ざけるという意味ではない。もしもあなたのいうとおりであるなら、願状に込めた祈願が成就したら、約束を守って必ず鳥居を立てたり社を修復したりしなければならないが、そうすることがわが国の神々を敬うことだというのか。

【問】そのとおり。

【答】それなら、ある人物を想定して問いたい。その人から「あなたの家の隣の娘を私の息子の嫁にしたいので、仲人を引き受けてもらえないか。礼はたっぷりはずむ」といわれたら、屈辱を顧みず、仲人をするかどうか。

【問】そういう言い方は、人を見下している。金が目あての仲人など、やるわけがない。

【答】あなたにも羞恥心《しゅうちしん》というものがあるから、辱《はずかし》めは受けないのだ。それなら、こちらから貴人にどうしても仲人を依頼したいときに、「このことを叶えてくださるなら、しかるべき金銭を差し上げたい」といえるか。

【問】貴人を軽くみた物言いだ。そんなこと、いえるわけがない。

【答】では、清浄な神への祈願の仕方についてだ。貴人に向かってはいえないような義に反した言い方で「もしも願いが成就したなら、鳥居を寄進し、社の修復をさせていただきます」と祈願したら、受け入れるかどうか躊躇《ちゅうちょ》する浅ましい神が存在するだろうか。そういう神はいないと高をくくって非礼なものを奉納し、神を冒瀆《ぼうとく》すれば、いつか神罰を受けるだろう。恐ろしいことだ。「心さえ人としての真《まこと》の道に適っているなら、祈らなくても神が守ってくれる」という意味の北野神社の御神詠《ごしんえい》（心だに　まことの道に　かなひなば　祈らずとても　神やまもらん）もある。

中国に目を転じても、孔子が重病になったとき、弟子の子路《しろ》が祈禱を打診すると、孔子は「私は、自分の行いを正すために普段からずっと祈っている。だから、病気になったからといって改めて祈ったりしない」（丘《きゅう》の禱《いの》ること久し）と答えたと『論語』（述而《じゅつじ》篇）は記している。

※丘《きゅう》の禱《いの》ること久し　孔子の病気が重篤になった。子路は、祈禱をなさいませんかと請うた。孔子は、「そういう先例があるのか」と尋ねた。「『誄《るい》』という昔の詞に天地の神々に祈るとあります」と子路が答えると、孔子は「私は、自分の行いを正すためにずっと祈ってきた。だから、病気のことで祈りたいとは思わない」と答えた。（子疾病《やまいへい》す。子路禱《いの》らんことを請ふ。子曰く、諸《これ》有りや。子路對《こた》へて曰く、之れ有り。誄《るい》に曰く、爾《なんじ》を上下《しょうか》の神祇に禱ると。子曰く、丘の禱ること久し）

人はなぜ祈るのか

【答（続き）】　貴人を祈ることは人の真《まこと》の道に合致しているが、道に適っているなら祈る必要などないはずだ。道に適っていないという思いがあるから祈るのである。あなたは、孔子の教えである儒教がわが国の神道と異なっているというが、それは間違いである。どんな聖人の書も、このような迷いから解き放つためのものなのだ。答えを求めて書物を頼って、さらに迷うとしたら、むしろ書物など読まない方がましではないか。

わが国では、昔から神国を動かす補助手段として儒教を用いてきたことを知るべきだ。礼を欠き義に背く賄賂《わいろ》を、わが国の神々が歓迎するはずもない。神は清浄潔白の源ともいうべき存在なので、神明《しんめい》というのである。およそ神を信仰するのは、心を清浄にするためだ。ところが、礼に反し義に背くさまざまな願いを胸に抱いて、朝に晩にと神社へ足を運び、さまざまな賄賂の手段を弄して神に祈る。不浄な思惑で神の清浄を穢《けが》す者がいたら、それこそ紛れもない罪人で、神罰を受けるのがふさわしい。

「天に対して罪を犯したら、もはや祈る余地などない」（子曰く、罪を天に獲《え》るときは禱《いの》る所なし）と『論語』（八佾篇）にある。天命以外に望むことはすべて罪だと聖人孔子はいうのだ。

願いの多くは、自分勝手なものだ。自分勝手なことをすれば、他の人に悪い影響を及ぼす。他人を苦しめるのは大罪である。罪人になって、どうやって神の御心に適うことができよう。

神は、人を差別せず、誰にも平等に接する。一方に悪く、一方に良いという形で願いを叶えたら、それは依怙贔屓《えこひいき》である。願いが叶う場合と叶わない場合をほかの譬えでいうと、親から子へと家督を譲るのに似ている。子どもの側からの願いは不要である。子どもの身持ちが堅かったら家督を継ぐが、身持ちが悪ければ家督は継げない。願いが成就するか否かも、これと同じだ。

天の命は自分次第だということを知るべきだ。神の心は鏡のように澄んでいる。依怙贔屓をする私心があるはずもない。なのにあなたは、願いが叶うことがあると、神が受け入れてくれたからだという。それを聞いた人たちは、「誰それは、どういうものを神に奉納したから願いが聞き入れられた」などと言い合うのである。そうやって取り沙汰していくうちに、ついには神が賄賂を取っているとみなし、冒瀆するような情けない事態になりかねない。そんなふうになってしまうのは、天命ということを知らないからだ。

日本は唯一の神国

【問（別のある人）】「当然祭るべき自分の先祖以外の霊魂を祭るのは、その神に諂《へつら》って服を求めようとするもので卑しいことだ」（子曰く、其の鬼《き》に非《あら》ずして之を祭るは諂《へつら》ふなり）と『論語』（為政篇）はいう。わが国では、五穀が実ると神への恩返しとして、土地土地の神であれ、伊勢神宮であれ、初穂を供えたり神楽を奉納したりする。その点が中国と違っているが、あなたは、神々が皆、同列であるかのようにいう。どういう理由に基づくのか。

【答】『中庸』（第十六章）は、「鬼神の徳は実に盛大だ。（鬼神の姿を見ようとしても見えないし、その声を聞こうとしても聞こえないが）万物は鬼神によって形態を与えられており、余すところなく行き渡っている」（鬼神の徳たる、其《そ》れ盛んなるかな。〔之を視れども見えず、之を聴けども聞けず〕物に対すれども遺《のこ》すべからず）といっている。

鬼神とは、天地陰陽の神をいう。「万物は鬼神によって形態を与えられており、余すところなくゆきわたっている」とは、造化（天地創造）は鬼神の効用《はたらき》によるものであって、鬼神が万物をことごとく司る主であるという意味だ。

また、わが国では、伊弉諾《いざなぎ》、伊弉冉《いざなみ》に始まり、日月星辰から地上のありとあらゆるもののすべてを司り、その力の及ばないところがないので、「唯一の神国」といっているのだ。ここが重要で、よく考えないといけない点である。だが、わが国は、中国と違って、天皇が伊勢神宮（天照皇太神宮）の後を継いで、その位についておられる。だから、伊勢神宮を天皇家の先祖を祭る御霊屋《みたまや》として崇《あが》め奉っている。国の民を統《す》べる「一天《いってん》の君《きみ》」のご先祖であるから、下々《しもじも》に至るまで万民が「参宮」といってお参りするのである。

中国にこのような習慣はない。わが国では、御霊屋を尊んで神楽や初穂《はつほ》を奉納する。今日の例でいえば、万民が天皇家に貢物を献上するようなものだが、神楽や初穂を奉納したからといって、その者自身が天皇家と関わりのある祭礼を執り行うことはできない。幕府の将軍であっても、天皇家の御祭事に関わることはできないのだ。「政《まつりごと》（政治と祭事）は、その地位にある者しか執行できない」（其の位に在らざれば、其の政《まつりごと》を謀《はか》らず）と『論語』（泰伯篇）にもある。祭らなければ、中国と変わらない。

『論語』（八佾篇）に中国の祭事に関する次のような記述がある。

「魯《ろ》の国で大夫《たいふ》の役にあった三家者《さんかしゃ》（孟孫《もうそん》・叔孫《しゅくそん》・季孫《きそん》の三家《け》の者）が、先祖の祭礼の際に身分を無視して、『詩経』にある「雍《よう》」という歌を使った。孔子がいうには、『相《たす》くるは維《こ》れ辟公《へきこう》、天子穆々《ぼくぼく》たり』（天子の祭礼を手助けするのは大名で、天子は威儀を正し粛然としている）と歌われる詩だが、三家にとっては何の意味もないものだ」（三家者《さんかしゃ》、雍《よう》を以て徹す。子曰く、相《たす》くるは維れ辟《こ》公《へきこう》、天子穆々《ぼくぼく》たり。奚《なん》ぞ三家の堂に取らん）

魯の国の三家は、天子・大名の下の大夫《たいふ》という身分でありながら、天子の宗廟の祭礼でしか使わない歌を用いた。つまり、天子が祭礼を終えるにあたって、供物を下げるときに奏される「雍《よう》」という詩を歌って自分の堂で先祖を祭り、さらには天子が祭る泰山《たいざん》の神まで祭ろうとした。このように、己の身分を超え、世の中の理に背いたことをすれば、それは、取りも直さず、禁を犯して、してはならない行為をすることになるので、孔子は、「自分の先祖以外の霊魂を祭るのは、諂《へつら》いである」といったのだ。

また『孟子』（尽心下篇）にも、「国の中で最も大切な存在は人民であり、その次が土地の神や穀物の神、一番軽いのは君主である」（民を貴しと為《な》し、社稷之《しゃしょくこれ》に次《つ》ぎ君を軽しと為す）とあって、その年に収穫した初穂を奉納する習慣は、中国でも普通に行われていることなのだ。わが国では、初穂や神楽を奉納することを祭りとはいわないのである。

たとえば「祇園会《ぎおんえ》」（京都の祇園社の祭礼で「祇園祭」のこと）を始めとする御霊会《ごりょうえ》（不慮の死を遂げた人の御霊などを鎮めるための祭礼）も、その土地の神の祭りである。その土地に住んでいる人々が平穏無事であることを喜んで、自分たち自身を祝うという趣旨だ。もし仮に人々の身に何らかの支障が生じたとしても、神事は執り行われる。このことからも、個人的な先祖の霊の祭りでないことは明白だ。俗説に心を奪われることなく、本質的なことを推察しつつ、よく考えることが大事である。

※鬼神　天の神は「天神」、地の神は「地祇《ちぎ》」、人の霊魂は「鬼」（鬼神）。このほか、「鬼神」には、「陰陽二気の集散」（朱子）や、「邪悪な神」「天地・山川の神」「人に禍福をもたらす神」など、さまざまな意味がある。

※造化は鬼神の効用　程子「鬼神は天地の効用《はたらき》にして而《しこう》して造化の迹《せき》なり」（朱子『中庸章句』）

※鬼神は天地陰陽の神　朱子「二気を以て言へば、則ち鬼は陰の霊なり。神は陽の霊なり」（同）

禅僧、俗家《ぞっか》の殺生を譏《そし》るの段

無意識の殺生

――ある禅僧が訪ねてきて、以下のようにいった。

【問】 本日のこと、私がある所へ参ったところ、その家で息子の婚礼があるからといって、魚などを料理し、生き物を殺して「殺生戒《せっしょうかい》」（仏教の戒律の一つ）を犯していた。めでたいことのために生き物の命を奪っている。俗家《ぞっか》（僧侶ではない普通の人）は、何という浅ましいことをして、おめでたい儀式とするものだ。実に嘆かわしい。

【答】 あなたは仏法の教えを学んではいるが、それは小乗《しょうじょう》（自己の悟りを第一とする教え）であって、大乗仏教《だいじょう》（他者救済を重視する教え）を知らないというのは残念なことだ。

【問】 大乗を知らないというわけではない。そのわけを話そう。仏法ではまず「五戒」（殺生、偸盗《ちゅうとう》、邪淫《じゃいん》、妄語《もうご》、飲酒《おんじゅ》）を守ることを第一としている。殺生戒は、その五戒の中で最も重い戒めとなっている。儒教でいうと、「五常」（仁義礼智信）のうちの仁に相当する。儒家は仁をないがしろにするようなことはしない。あなたは儒教を説いているが、まだ仁の意味がよくわかっていないようだから、聖賢（聖人・賢人）の本当の心にうといのだ。

【答】　仁とは、「慈愛の徳があって、私心がないこと」をいうのである。だが、あなたの場合、禅宗を学んでいるというが、禅宗の本当の姿を知るところまでたどり着いてはいないように思える。

南泉和尚《なんせん》（唐の禅僧）のエピソードの一つに、猫の子に仏性があるかないかで弟子たちと論争し、「禅問答に答えたら猫を助けるが、答えられなければ斬る」といった話が残っているが、弟子たちは誰も答えられなかった。それで和尚は、猫を斬ってしまった。また、唐末の蜆子《けんす》和尚は、着の身着のままの格好で、海老を釣って食べた。

だが、そのような行為だけを見て、「二人とも殺生戒の禁を破った破戒僧だ」と判断し、排斥すべきであろうか。それより何より、あなた自身が毎日やってしまっている殺生の数は、いちいち挙げたら数えきれないほどだ。まず、今朝の食事で口にした米粒の数がどれくらいか、見当をつけられるだろうか。

※**南泉和尚**《なんせん》　原文では「南船」となっているが誤記。猫を斬る話は、『碧巌録《へきがん》』収載の禅の公案「南泉斬猫《ざんびょう》」で、「執着心」についてとされる。

【問】 それは違う。五穀には感情がない。だから、殺生にはあたらない。

【答】 そうだろうか。大乗仏教では、有情無情《うじょうむじょう》（心のあるなし。感情・意識など心の働きがあるものが「有情」、そうでないものが「無情」）と分け隔てすることはない。分け隔てするなら、「草木や国土には仏性はない」といわなければならなくなる。

『日本書紀』の「神代巻《じんだいのまき》」には、（伊弉諾《いざなぎ》が死んで黄泉の国へ行った亡妻の伊弉冉《いざなみ》を訪ね、その腐敗したさまを目にして驚いて逃げようとすると追いかけられ、この世とあの世の境界の黄泉比良坂《よもつひらさか》までたどり着いたときに）「伊弉冉《いざなみ》が『私は、あなたが統治している民千人を殺す』と口走ると、伊弉諾《いざなぎ》は『それなら、私は民に千五百人を生ませよう』と応じた」（吾《あれ》は汝《いまし》が治《し》らす国民《ひとぐさ》一日《ひとひ》に千頭《ちがしら》縊《くび》り殺さんと申し給ひき。伊弉諾《いざなぎ》のり給はく、愛《うるわ》しき吾が妹《いも》しかし給はゞ、吾は一日に千五頭《ちいおびと》産まんとのり給ひき）と書かれている。

伊弉諾、伊弉冉の両神は陰陽の神であり、天と地の間には「生む」と「殺す」の二つが存在しているということを知らないといけない。今日、何をするにも、この道理を手本にしている。万物は「一理」（一つの道理）で貫かれており、それらの間には「軽重」（優勝劣敗）とでも呼ぶべき序列が存在する。その秩序を崩さないことが大事である。天地の間で起きているさまざまな出来事や現象は、そういった道理で見なければならない。つまり、強いものが勝ち、弱いものが負けるのは、自然の道理だということなのだ。

身近な例で知ろうとするなら、鳥獣を観察することだ。猛禽類《もうきん》の鷲《わし》や熊鷹《くまたか》は、いろいろな鳥だけでなく家畜も襲って食べる。また鵜《う》や鷺《さぎ》は、魚などを取って食べる。雀のような小鳥たちは蜘蛛《くも》とか菜虫《なむし》などを食べる。野犬や狼は鹿や猿を襲撃して食べてしまうのである。こうした行為を「殺生」と見るか、「天道流行《てんとうりゅうこう》」（天の道理が行われている）と見るか。

私がいいたいのは、宗教の戒律も天の道理（天理）を知らないと保たれないということだ。夏の土用の頃などには、米を臼《うす》でついて一日か二日も経つと、糠虫《ぬかむし》（コクゾウムシ）が発生する。この虫は、塵のように細かいので気づきにくい。米の中へ手を入れてみると、手がかゆく感じる。かゆいと思ったときに、黒塗りの容器に米を移し、明るいところでよく見ると動いているものが見えるはずだ。これを糠虫といっている。

生き物の貴賤（弱肉強食）を理解せよ

【答（続き）】　さて、本題である。米を始めとする五穀に心はないが、そこに糠虫が混じっているとすれば、戒律を守る僧侶は五穀を食べてはいけないということになる。だが、食べなければ死んでしまう。ここまでくれば、僧侶といえども、食べることで命脈を保っているということに気づくだろう。

仏の教えに従って戒律を守ろうと思うなら、まず自我を超越することを修行すべきである。人としてのこの身が、そのまま大地（土）・水・火・風・空と一体化して、ひとたび悟りを開くなら、自分自身も世界の中の一つの物体となる。そのとき、人と糠虫のどちらが貴いといえるか。限りなく賤しい糠虫を助け、限りなく貴い人間を殺すという選択は、断じて許されまい。

仏の本体は、無心で人知の及ばぬ不思議なものである。だが、天の道理さえわかれば、戒律を守ることは容易なのだ。神と仏と聖人は、誰が師で弟子という関係ではない。誰もが心の欲するままに動いているだけだが、ことごとく、おのずと天の道に適っている。天の道理を知らなくては、どんな道にも適うことはできないのだ。このことを、ただ黙って考えるとよろしい。

天の道理とは、万物を生み、生まれたものが別の生まれたものを養い、あるいは生まれたものが別に生まれたものを食べてしまうことである。万物に天が付与した道理は平等だが、その「形」（外観・能力など）には貴賤の別（上下関係）がある。つまり、貴い形のものが賤しい形のものを食べるのは、天の道理なのである。また、仏教（『涅槃《ねはん》経』）では「草《そう》木《もく》国《こく》土《ど》悉皆成仏《しっかいじょうぶつ》」（草木や国土のような心のない非礼なものも、ことごとく仏性《ぶっしょう》を具有して成仏する）とされているので、万物はすべて仏なのである。だが、前述したように、形には貴賤があり、貴い人間仏《ぶつ》が賤しい五穀仏、果物仏から水火仏までを食べることで、この世界は成り立っているのである。

この道理がわかれば、聖人が事を行うときに、礼を判断基準として貴いか賤しいかを区分した理由もわかるはずだ。貴いものが賤しいものを犠牲にしているということを理解しなければならない。実例を示すと、主君は貴く、家臣は賤しい。賤しい家臣が貴い主君の身代わりになって死ぬ例は珍しくないが、貴い主君が賤しい家臣の身代わりになって死んだ例は、未だかつて聞いたことがない。このように、賤しい者が貴い者の犠牲になるのは天地の道理であって、主君の私利私欲ではないのだ。聖人が事を判断するときに礼を尽くすのは、すなわち、こういうことなのである。主君を裏切る家臣を「賊臣《ぞくしん》」というのは、そういう理由による。

いうまでもないことだが、あなたも、今朝方から幾千幾万という数の五穀仏と果物仏を殺して食べるということで、自分自身の体を養っている。ところが、肝心のあなたは、この理屈がわかっていない。わかってはいないけれど、知らず知らずのうちにやっていることは、賤しい生き物を犠牲にして貴い生き物を養うという道理には適っている。あなたが小乗にこだわって、「自分は殺生しないが、非情の生き物は食べる」ということになれば、「草木国土ことごとく成仏《じょうぶつ》する」（草木国土悉皆《しっかい》成仏）と説く仏教の教えは「偽り」になるではないか。偽りであるのなら、仏教の経典は全部破棄しなければならなくなる。だが、捨てずに使うというなら、大きな仏が小さな仏を食べて殺生をするのと変わりがない。

あなたは、自分は適当に殺生をして身命をつないでいながら、「世間の俗人が、めでたい儀式のためにといって生き物を殺すのは、浅ましいことだ」という。だがそれは、仏教の本意（本来の意義）を知らずに他人を誹謗中傷しているのであり、大きな罪になろう。あなたのように、仏法に暗い僧侶が多いので、吉田兼好法師も『徒然草』（九十七段）で、「本体に寄生して本体をダメにするもの」（そのものにつきて、そのものを費やし損なふもの、数を知らず）として、「君子に仁義あり。僧に法あり」と揶揄《やゆ》し、「僧は仏法によってかえって身を損ない、君子は仁義でわが身を損なう」と譏《そし》っているのである。

君子の場合は、仁義が備わっているから君子というのに、一体どういうことかと注意してよく考えてみると、『孟子』（離婁下篇）にある「舜《しゅん》は、〔あらゆる事物の道理を明らかにし、人としての道をよく心得ていたから〕自然とその行為に仁義の心が表れたのであって、意図して仁義を行おうとしたのではない」（舜は、〔庶物を明らかにし、人倫を察《つまび》らかにし〕仁義に由《よ》りて行う。仁義を行うに非ざるなり）という意味がよくわかるはずである。

さて、仁義についてだが、『太極図説《たいきょくずせつ》』（著者は北宋儒学の大家周敦頤《しゅうとんい》）からもわかるように、「無極《ぶきょく》の真《しん》」の力を本体としている以外に仁義という名目があろうはずはないのだ。自我を超越した聖人の舜が、はたして仁義を目的だと意識して事を行っただろうか。聖人の道は、「一理渾然《いちりこんぜん》」（聖人の心には、一つの道理があまねくゆきわたっている）ということを知って、「仏法もまた本来は無法である」と会得すれば、兼好法師が批判したようなことにはならないはずだ。

※『徒然草』（九十七段）　君子の仁義と僧の法は、「身に虱《しらみ》あり、家に鼠《ねずみ》あり、国に盗人あり、小人に財《たから》あり」と書いたのに続いて出てくる。

※太極図説　北宋の周敦頤（号は濂渓《れんけい》）が著した「宇宙万物の生成過程を解き明かした哲学書」で、図と二百五十字程度の説明で構成されている簡単なものだが、意義深く、「朱子学の聖典」とされ、大きな影響を与えた。

※無極《ぶきょく》の真《しん》　「太極もと無極なり。故に是を道という」（熊沢蕃山《ばんざん》『集義和書』）。朱子が著した『近思録』（道体《どうたい》）には、「周濂渓《しゅうれんけい》先生曰く」として、「無極の真《しん》の力と太極の一つである〈陰陽〉および水火木金土の〈五行〉の気の精が、絶妙に合体・凝集した」（無極の真と二五《にご》の精、妙合《みょうごう》して凝《こ》る）という註が見える。

※一理渾然　『論語』（里仁篇）に、孔子が弟子の曾子《そうし》に「わが道は、ただ一筋に貫かれている」（吾《われ》道を以て一を貫く。または、吾が道は一を以て之れを貫く）と説くくだりがあり、朱子は、その註として「聖人之心、渾然一理《こんぜんいちり》」（『論語集註』）と説明している。梅岩は、それを「一理渾然」と変えたのである。

儒教は「修養」に最適

【答（続き）】 あなたは禅宗を学んだというが、禅本来の教えを会得するまでにはまだ至っていないようだ。だから、俗人がめでたい儀式のときに殺生するのは浅ましいというのである。あなたも自分自身の本性を知ったなら、五戒はいうに及ばず、百戒でも二百戒でも守れるようになる。ただし、いい加減な気持ちで取り組まず、早急に会得できたらの話だが——。

今いったような道理がわかるようになれば、そのときこそ出家した僧侶としての殺生戒を守れると気づくのだ。また俗人は俗人で、おめでたい席に魚とか鶏とかの料理を使っても構わないということがわかるようになるだろう。そうなっても、何も疑わしいことはないし、どこも怪しいところはない。ただ、気をつけなければならないのは、出家した僧侶と俗人を一緒くたにして考えないことだ。

理解しやすいように、もっとわかりやすい喩えで説明しよう。いうまでもなく、人間の頭・胴・手・足は一体だが、首の位置は人体の上部にあって足の代わりにはならないし、その足も手の代わりにはならない。口は体を養うための入り口ではあるが、目の代わりはできないし、耳は鼻の代わりに臭いをかぐことができない。このような人体の部位からわかるように、天と地の間にあるすべての形は、それぞれの働きが明白である。よって、物の形が変わると法則も変わり、物によって法則が異なってくるのだ。だから、僧侶の法則である仏法を俗人にも適用すると、おかしなことになる。

心を清らかにするには仏教も悪くはないが、わが身を修養したり家内をきちんとしたり、天下国家を治めたりするのは儒教の方が向いている。海や川を渡る手段としては船が便利だが、陸路の移動手段には馬や駕籠《かご》が向いている。仏教を世の法にして民を治めようとするのは、陸路で使う馬や駕籠で海を渡ろうとするようなものだ。五戒を守る者として政治を行い、罪人を殺すというのはいかがなものか。

そうはいっても、罪人は殺さないと政道が成り立たない。刑罰のない政治はどうなるのか。つまり、あなたがいっているのは、水と火を一緒にしようというようなもの。水と火が合わされば、水は湯になり、火は消えてしまう。水と火は、別々にしなければ対立して争い、世の中の役には立たない。この道理をどう考えるかということである。

或る人、親へ仕える事を問うの段

親孝行とは何か

【問】私どものところで、祖父の代に「手代《てだい》」（番頭と丁稚《でっち》の中間職）を務めていた者が、現在は法体《ほったい》して僧侶の姿になっているのだが、この者が常日頃から私のことを「親不孝者」と非難し、「親に孝行しなさい」とたびたび説教するのだけれど、そのようなことは身に覚えがない。そこで、孝行とはどのようにすればよいものなのかを教えてもらいたい。

【答】孝行の基本は、親に孝行するという強い意志を持つことだ。『孟子』（離婁《りろう》上篇）にある話だが、その昔、孔子の弟子の曾子《そうし》という人物が父（曾皙《かいせき》）を養っていて、食事には酒と肉を必ずつけていた。父が食べ終わって膳を下げるときに食べ残したものがあると、「この余り物は誰かに与えますか」と聞き、父が「余りがあるのか」と尋ねると、必ず「あります」と答えていた。誰かに与えたいと思っている親の意思を忖度《そんたく》してのことだった。このように、親の気持ちを思い、その意思を尊重しながら親に仕えること、これを「孝行」というのだ。

【問】父母を養っていて思うのは、どのような衣服や食事などを私が用意しても、いいとも悪いともいわないので、父母の気持ちを害してはいないと思っているのだが――。

【答】あなたは、父母の体を養うことだけが孝行と思っているので、その〝禅門〟（在家のままで剃髪して仏門に入った男）が忠義心から助言してくれる趣旨を取り違えてしまうのだ。私がいっているのは、「志を養え」ということ。そこで、思い当たる節《ふし》をいくつか質問したい。まず、あなたは時折、遊びに出かけ、帰宅するのは夜更けになると聞いているが、間違いないか。

【問】私も以前はたびたび出かけていたのだけれど、親たちが「けしからん」といって「当分の間、外出を禁止する」と申し渡したので迷惑し、同意しかねていると、そこへ禅門がやってきて、間に立って「何分にも若い身なので、月に一、二度くらいの遊興は気晴らしのために許されてもよいのではないか」といったので、両親も理解を示し、許しが出たので出かけているというわけなのだ。

それから私が夜遅く帰ってくるのは、たまにしか外出できないので思いっきり羽を伸ばすからだ。とはいえ、父母の気分を害するほどの無茶はしていない。私の両親は昔から気が小さく、家の者が私の帰るまで起きているのを気の毒に思って、私が門の戸を叩くことがないようにと皆が寝静まる午前二時頃まで待っていたことがあるが、たびたびというわけではない。せいぜい月に一、二回だ。それに両親も、翌朝は寝たいだけ寝ていられるご身分なのだから、苦の種にはなってはいないはずだ。

【答】 あなたは、遊興目的で外出するのはたまさかのことであって、父母を夜更けまで待たせておいても問題ないというが、親に仕える者は、夜は遅く就寝し、翌朝は早起きして父母の安否を気づかう、それが子としてのまっとうな道である。それなのに、あなたは、自分の遊興のためなら暑かろうが寒かろうが少しもいとわず、おまけに夜遅くまで平気で両親を待たせる。そういうことで、気分よく遊びに興じられるのか。

人を待つのは、誰でも退屈だ。ただ待つというだけでもそうなのに、両親は「深酒して帰ってきたりしないか」「喧嘩をしたりしていないだろうか」「寒くはないか。風邪をひいたりしないか」などと、あれこれ気を揉みながら待っている。それだけではない。「自分たちがこんなに夜更かしさせられていることを、若旦那の両親は文句ひとついえないのか」と家の者に思われているのではないかと気にもかけるだろう。下女や奉公人たちが待ちくたびれて、「もう夜八つ（午前二時）を過ぎてしまった」などと呟く声が耳に入って心を痛めることも多かったはず。なのにあなたは、両親のそうした苦悩や心痛にはとんと無頓着だ。夜更けまで待たせた挙句《あげく》、翌朝は遅くまで惰眠《だみん》を貪っているとは、愚かすぎるにも程がある。そこまで不孝をしながら、父母の気持ちを踏みにじっていると考えないのか。一体全体、あなたという人は家業をどう心得ているのか。

両親の心の痛みを知れ

【問】 家業の方は、まだ一人前とはいえない。そのわけは、友人たちとの交際に多くの時間を取られ、それに必要な謡《うたい》、鼓《つづみ》、茶の湯などもたしなまねばならず、その稽古が忙しくて、なかなか家業の方まで手が回らないからだ。家業の方は、手代たちがそれぞれの役割を果たしているので、私が何もしなくても何の問題もない。

そういう状況なのに、例の禅門が私の親たちに「家業のことは、子どもの時分から見習わせておくべきだ」などと口やかましく言い立てる。父も禅門の手前、「商売のことも少しは見習え」と文句をいうのだが、母の方は禅門のいうことを苦々しく思っていて、陰では、「自分の主人の子に対し、わが子や孫にでもいうような感じで、余計なお節介を焼くようでは、人に嫌われて長生きできるものか」と毒づいている。父は、恐れていることでもあるのか、禅門のいうことには一言も返さず、ただ黙って聞いているばかりだ。

【答】 家業のことは手代まかせにして遊芸にいそしんでいるというが、そうやって安楽に暮らしていけるのは、家業のおかげではないのか。自分の「職分」を知らない者は、禽獣にも劣るというしかない。犬は家の門を守り、鶏は時を告げる。武士なら、馬を飼っているのに乗り方を知らないなどということはありえない。手紙は、誰かに代筆させても用が足りる。しかし、主人の代わりに家来を馬に乗せることはできない。商人であっても、自分の職分を知らないのは、先祖から譲り受けた家を滅ぼしかねないということである。その禅門がいうのも、これであろう。忠義の心がある禅門に御母堂が腹を立てられたのは、「金言は耳に痛し」だったのだ。

臣の諫言《かんげん》を受け入れる主君は「真の主君」だが、主君が臣の長命を嫌うときは、忠臣を殺したいと願っている場合だ。その点は、桀《けつ》王も紂《ちゅう》王も変わりがない。主君に忠義を尽くさない者ばかりが残ったら、家の滅亡につながる。『大学』（伝《でん》十章）にも「器の小さな者が国を動かすと、危害がいくつも生じ、善人であっても、それをどうすることもできない」（小人をして之を国家を為さしむるときは菑害竝至《さいがいならびいた》る。善有《あ》るといえども、亦《また》之を如何《いかん》ともすることなし）とある。

また、父親が家業のことをうるさくいうのは、禅門がいわせているとあなたは思い込んでいるが、それは間違いだ。禅門がいうことは道理に適っているので、「義」という徳に対して自責の念に駆られて、あなたの父親はそういったのである。「家庭を自分で破滅させる原因をつくるから、それを見て他人も破滅させようとするのだ」（家必ず自ら害《やぶ》って後に人是《これ》を害る）と『孟子』（離婁上篇）もいっている。あなたも自分の職分を忘れてしまっているから、身を害するようなことになるのだ。この道理を理解できないと、家を売り渡してしまってから気づき、後悔することになる。それに、あなたは気が短く、両親には日頃から心配をかけっぱなしだという。それはどういうことか。

ほかの人の気持ちに寄り添え

【問】 生まれつき気が短いことはよく自覚しており、この性格を直したいと思ってはいるのだが、何しろ生まれつきなので、どうにもならない。けれど、両親に迷惑をかけた件では、こんなことがあった。田舎出の奉公人（使用人）を雇ったことがあったが、この男がどうにも行き届かず、手際が悪かったので、たった一度だけだが、あるとき殴りつけたら怪我《けが》をしてしまい、泣いて痛がるのをようやくなだめて、その場は何とか収まった。ところが、その傷がまだ治りきらないうちに田舎へ帰るとごねたので、両親も手代たちも往生したことがあった。ただし、その後、そういうことはなくなった。

【答】 あなたは生来の短気者だという。しかし、生まれつき短気ということはありえない。あなたが好き勝手に行動するから、そうなっただけのこと。あなただって貴人の前に出たら、勝手気ままにふるまえるものではなかろう。短気に走る言動は、本人に慎み改めようという気さえあれば、直らないことはないはずだ。

以前、奉公人に手を出したとき、その男は怒ったり怨んだりする態度は見せなかったのではないか。内心では激しく怨み、怒ってはいても、相手が主人なので耐え忍んでいたのだ。縁もゆかりもない他人がその男を殴りつけたとしたら、あなたに対したときのように、じっと耐え忍ぶだろうか。間違いなく向かっていくはず。しかし、相手が主人だったから刃向かうことを慎んだのだ。このことをよく考えないといけない。慎むことで直らないものは何もない。ましてや、その慎みの心を父母に向けないようでは畜生と何ら変わらない。

それから、両親の世話をしたのはたった一度だけだそうだが、一度という回数が軽いというわけではない。弱者を殴って血が出たときの両親の気持ちを察せよ。他人の子に傷を負わせたら、そのケガが気になるだけでなく、それが原因で死んでしまうようなことがあれば、相手の家族からあなたの命が狙われるかもしれないと考えて、おびえ苦しむのだ。

『三国志』に文帝《ぶんてい》（魏漢の初代皇帝。在位紀元前二二〇～二二六年）の故事が出てくる。文帝は、雲よりも高くそびえるという意味の高楼「凌雲台《りょううんだい》」を洛陽に築かせたが、額に字を書き入れていないことに気づき、韋誕《いたん》という書家を籠に乗せて引き上げた。額までの高さは地上から二十五丈（約七十五・七五メートル）だった。韋誕が仕事を終えて地上に戻ると、黒かった髪がいつのまにか白髪に変わっていたという。一時的に恐怖を感じただけで、あっという間に白髪になってしまうのだ。

あなたの両親が胸を痛めている様子は、体に釘《くぎ》を打たれているようであろう。あっという間に五年も年老いたようになってしまう。老いるということは死に近づくことである。刃物で殺さなくても、殺すことに変わりはない。その使用人が間もなく死ぬようなことにでもなれば、あなたもただではすまないだろう。そのような結果を招くとすれば、その場の怒りに我を忘れたことの危害が両親にも及ぶことになる。これほど大きな不孝はない。

恵まれた境遇に甘えるな

【問】 前に申したように、短気はよくないということはわかっているので、これは何とか直そうと思う。親の気を揉ませることは、それほどまでとは思っていなかったが、知らないものは仕方がない。親に親切にすべきところは、精一杯つくそうと思う。父はよく酒を飲み、度を越すことがある。そういうときは、くだくだと長話をし、なかなか寝ようとしないので、母は困り果てている。父は飲んだ翌日には二日酔いで苦しむので、限度をわきまえない飲み方をすると思って、以後、酒量を控えるようにと説教したことがある。そういったことは親の身を案じてのことなので、親孝行に当たるのではないか。

【答】それは違う。あなたのいっていることは、子としての道に背いている。『易経』(「家人《けにん》」象伝《しょうでん》)に「家人に厳君《げんくん》あり」という言葉がある。一家の主は、妻子から見ると君主のようだ。よって、母親やあなたは家来と同じ立場なのだ。その家来が退屈に感じるという理由で、君主の楽しみをやめさせようとするのは、法外な話なのである。

それからあなたは、母が難儀するともいう。あなたという人は、自分一人が道に背くのみならず、母親まで女の道に背かせている。重ねがさねの不孝の数は挙げて数えられないほどだ。自分自身がまともでなくて、人のことに言及できる立場ではない。ましてや、親のことをいうなど論外だ。そもそも、あなたが使っている金はどこから出ているのか。

【問】親から小遣いとしてもらっているが、その金だけでは一か月も持たないので、不足分は手代たちに頼んで入手している。しかしながら、手代たちは何やかやと理由をつけて思ったほど渡してくれないので、母親に泣きついて、その都度、五両とか三両とかをもらっているが、それでも足らないときには、あちこちから五両、十両と借用している。しかし、両親も二、三年のうちには隠居する予定なので、そうなったら、私が借用した金などすぐにでも返済できる。他人もそのことを知っているので、五十両や百両の金を借りるのはたやすく、何の問題もない。

【答】あなたの話には家を滅ぼす前兆が感じられる。そのわけをいおう。まず、親から手渡される小遣いだが、これは天が与えてくれたあなたの俸禄だ。だが、その額の十倍を使ってもまだ足らないとは、限度という道理を知らない贅沢者である。奢《おご》る者を天は許さない。それに小遣いが不足したら手代に頼んで手に入れるというが、その金は、手代の金なのか、あなた自身の金なのか、よく考えないといけない。

自分に必要なものを自分で働いた金で得ようとはせず、ただじっと手をこまねいていて、手代に無心するような醜態を演じてはいけない。あなたは商家の跡取り息子なのだから、手代に命じて持参させるべき立場にある。にもかかわらず、のこのこと自分の方から出向いて金を受け取りに行くというのでは、やっていることがあべこべだ。このままいくと、最後には先祖代々の財産を失って、手代の家で養われるはめになる兆候が見て取れる。

金が集まらないときは、母親の箪笥預金《へそくり》からもらっているとか。あなたが母親に小遣いを与えて養うのが筋なのに、逆にせびり取っている。女が多額の金を貯めるのは難しい。母親はおそらく親兄弟から借りて、あなたに与えたのではないか。そんな道理も知らないとは哀れなことだ。それでもまだ金が足りないと他人から借金するというが、自分の財産がありながら他人のふところをあてにする。それが勢いの衰える前兆だというのだ。

人があなたに金を貸すのは、家屋敷に目をつけてのこと。だから、ずっと借り続けたら、いつかは人手に渡ってしまう。天があなたの財産をひっくり返そうとする兆しは、すでに表れているのだ。

『孟子』（離婁上篇）に引用されている『詩経』（大雅板篇《たいがばん》）の詩の一節「天が今まさに周の王室を覆そうとしている火急のときに、多言は無用と心得よ」（天の方《まさ》に蹶《くつがえ》さんとする、然《しか》く泄泄《えいえい》すること無《なか》れ）が、まさにあなたへの警句だ。それにしても、月に一、二度の遊びにどうしてそんなに金がいるのか。

自由気ままが家を滅ぼす

【問】その疑問は、至極もっともなこと。芝居見物の場合の金の使い途《みち》を説明すると、芝居の顔見世ごとに桟敷席を二つ三つ貸し切ると、それ相応の雑費も発生する。詳細は省くけれど、これが思いのほか金がかかる。芝居見物の楽しみは、あなたたち学者にはわからないのではないか。

【答】芝居の顔見世を一回見物するのに、超高級席である桟敷席を二つも三つも貸し切るとは！　そういう席に招く客に対しては、接待に伴う諸雑費だけで済むはずはなく、さまざまなことに相当の金がかかるはず。そのように金のかかる客を二つ、三つと貸し切った桟敷席に大勢招いたら、親から渡された小遣いだけで足りないのは当たり前。「世にもまれなる役立たず」とは、まるであなたのことだ。家では手代たちが一分や二分の金額にこだわり、五厘とか三厘といった細かい値段に気を配りながら商いに精を出している。汗を流し、身を粉にして彼らが稼いだ金を、あなたが一度にぱっと使い切ってしまう。その所業は、手代や丁稚たちの血肉もろとも吸いつくすようなものだ。

あなたがやっていることは、殷の紂王《ちゅう》が比干《ひかん》の胸を切り裂いた『史記』の話と重なる。紂王は、自分を助け、過ちを犯したときには諫めてくれる忠臣の胸を裂いたのである。その点、あなたはどうかといえば、家業に励む手代たちの胸を痛めることばかりしている。忠義な者を平然と傷つけて、悪逆な紂王とどこが違うといえるのか。恐ろしいことだ。

人としての道でいうと、一日で遊興に使う金を家の者に分け与えるとしたら、あなたの志を彼らは神のように思うだろう。家の者に神のように畏敬されたら、それこそ商家の主人の手本となれるのに、あなたのような人は、家内に対しては吝《けち》に徹するものと相場が決まっている。

両親は家でのあなたの様子を見て、あれだけ金に細かいなら大金を無駄に使うこともないだろうと錯覚している。だから、家屋敷をまるで津波にでも襲われたかのように根こそぎ持っていかれるときの心痛は、想像するに余りある。それより、あなたのお供をしている丁稚や下男たちは、あなたの様子を家で両親に話したりしないのか。

【問】 その点は抜かりなくやっており、丁稚や下男たちには心づけをして堅く口止めしてあるので、彼ら以外の家内の者は誰も露ほども知らない。

【答】 丁稚や下男が口を閉ざしているから、家の者には知られていないと思うのはとても愚かしいこと。あなたの悪事は、自分から口を開く前にばれている。『中庸』（第一章）に「隠し立てすると、かえって露見する」（隠したるより見《あらわ》れたるは莫《な》し）と説かれている。形として表に現れていないだけで、目で判断できる動きはすでにある。動けば、もはや明白だ。他人には気づかれていないと思っても、あなたの心が悪いことをしたと知っている。知っているから口を閉ざすのだ。悪いことだとわかっていて、どうして早くやめないのか。「自分が為すべきことだと知りながら、それを実行しないのは勇気がないからである」（子曰く、義を見て為《せ》ざるは勇なきなり）と『論語』（為政篇）もいっているではないか。

しかも、あなたの場合は、下男があなたの悪銭の使い方を見て覚え、嘘いつわりをいうのを聞いて覚え、一人前になった暁には、あなたをまねた手口で金銭を盗んで使ったり、店の金を使い込んだりするような手代ばかりになってしまう。これは、あなた自身が招いて人の道を誤らせることなので、そのような手代が育っても文句をいえないはず。そうはいっても、店の金を使い込む手代がいたら、どこかに預けて苦労させることだ。それにしても、主従ともに放埒《ほうらつ》で自由気ままに悪いことを行うなら、あなたの家が滅ぶのは時間の問題だろう。

『論語』（憲問篇）に次のような言葉がある。

「孔子が、人としての道を踏みはずした衛《えい》（春秋戦国時代の侯国）の霊公《れいこう》（第二十九代君主）の無道《ぶどう》ぶりについて語った。すると大夫《たいふ》の康子《こうし》が尋ねた。それなのに、滅びないのはなぜでしょうか。孔子が答えた。仲叔圉《ちゅうしゅくぎょ》は外交をうまく行い、祝鮀《しゅくだ》は内政をうまく行い、王孫賈《おうそんか》は軍備をうまく行っている。腹心がそうであれば、どうして国が滅びようぞ」（子、衛の霊公の無道を言う。康子《こうし》曰く、夫《そ》れ是《かく》の如くんば奚《いずくん》ぞ喪《ほろ》びざる。孔子曰く、仲叔圉賓客《ちゅうしゅくぎょひんかく》を治め、祝鮀《しゅくだ》宗廟《そうびょう》を治め、王孫賈軍旅《おうそんかぐんりょ》を治む。夫れ是《かく》の如くんば奚《いずくん》ぞ其《そ》れ喪《ほろ》びんと）

衛の霊公は、無道の君主だったが、三人の有能な忠臣を起用していたために国を保つことができた。あなたの家に禅門がいるのは、衛に三人の忠臣がいるようなものだ。それなのに、あなたは禅門が死んで消えてしまうことを願っている。禅門が死んだら家中の者はことごとくあなたの命に従い、その結果、ついには家を滅ぼすことになる。

だが、心は変えることができる。あなたがこれまでの過ちを反省し、悔い改めるならば、悪行はたちまち善行に変わり、親に対する孝の道が開けるだろう。『論語』（子路篇）もいっている。「『易経』（恒《こう》の九三爻《こう》）に『人としての行いがくるくると節操なく変わって一定しないと、人に軽んじられ、恥を受けることになる』と。そうなったら、易で吉凶を占う意味がなくなると孔子はいう」（其の徳を恒《つね》にせざれば、或《あるい》は之に羞《はじ》を承《すす》む。子曰く、占わざるのみ）

あなたの前途も、このようなものになるだろう。これまでの行いから将来を予測し、反省して自分の生き方を変えるなら、人から受ける恥をまぬがれ、人の子としての正しい道へと入り、家は開け、商売も隆盛となるはずである。

或る学者、商人《あきびと》の学問を譏《そし》るの段

学問の究極は「孔孟の心」を知ること

【問】 私も学問をするのが好きだ。あなたが表立って学問について語り、教えを広めようとする道は、聖人の道であり、私が目指していることと変わらない。けれど、「宋学」としての儒教は、孔孟の心を離れた老荘思想や禅宗に似て、特に「理」を強調する。そのため、私には理解できないところがある。

あなたは、宋学の儒者たちの註釈を利用してはいても、孔孟の本意（本来の教え）を広めようと強く思っているのではないか。そのあたりのことを話してほしい。理解できない点は質問したい。私の疑問が解消されたら、それが即、学問といえる。最初の質問は、「人を教え導くうえで、最も重要と思っていることは何か」ということだ。

※宋学　宋代（九六〇～一二七九年）に興った学問の総称で、その中心となったのが、周敦頤《しゅうとんい》が始

め、程顥《ていこう》・程頤《ていい》兄弟を経て、朱子（朱熹《しゅき》）が集大成した新しい儒教哲学。「理学」「性理学」「道学」などとも呼ばれている。漢や唐の時代の儒学が経書の解釈に重きを置いていたのに対し、仏教や道教の影響を受け、宇宙論、人間論、存在論を包括する哲学となった。

【答】私の考える「究極の学問」は、孟子のいう「心を盡《つく》して性を知り、性を知れば天を知る」（盡心知性知天《じんしんちせいちてん》）につきる。「天を知る」とは、「天」すなわち「孔孟の心」なので、「孔孟の心を知る」ということである。孔孟の心がわかれば、宋儒（宋代の儒者）の心も一つになれる。心が一つになったら、『論語』や『孟子』の註釈もおのずと合致するはずだ。心を知れば、その中に「天理」（天が支配する道理）も備わっている。だから、「天命」に逆らわないように行動するしかないのである。

※孔孟の心　『孟子』（尽心上篇）に「其の心を尽くす者は、其の性を知るべし。其の性を知らば、則ち天に至らん」（惻隠《そくいん》・羞悪《しゅうお》・恭敬《きょうけい》・是非の四端《したん》の心を窮めると、仁義礼智の本性がわかる。本性を知ること、それが即ち天命を知ることにつながる）。「天の命ずるを、これ性と謂う」（『中庸』）。

【問】あなたは、「理」がそのまま「命《めい》」であるというが、それは大きな間違いだ。理という字は「玉の里《すじ》」と書く、つまり玉の表面にある筋《すじ》（道筋）のことである。すべての物の道筋であるからそこを通るまでのことで、生き物ではなく、死んでいる物だ。

一方、命については、『書経』（康誥篇《こうこうへん》）に「惟《こ》れ命《めい》、常に于《おい》てせず」（天の命は、常に一定というわけではない。善を行う者には天の佑《たす》けがあるが、悪を行う者には天の佑けはない）とある。つまり、命は単なる命ではなく、天が下された命（天命）であるから、こちらは生き物としての本質を備えている。このように、「理」と「命」とは別物である。それなのに、「死《し》活《かつ》」（死んでいる物と生きている物）を同一視して考えるのは、どういう根拠に基づくのか。

※理　梅岩は「巻之四」で「何ぞ理《すじ》なく非法《ひほう》すべき」と述べ、「理」を「すじ」と読ませている。

【答】あなたのいっていることは、枝葉末節にこだわり、文字の解釈に翻弄されて、本質を見失っている。『論語』（学而篇）の「君子は本《もと》を務《つと》む」（君子は物事の根本を解明しようと努力する）という戒めを忘れてはならない。この教えは、すべてにいえることである。よって、初めて学の道を志す者がまずやるべきことは、「本末を知る」ことだ。学問も末になればなるほど内容が複雑多岐に分かれ、理解しづらくなるからである。

始めに天地があって、万物が生まれた（『易経』周易序卦伝《しゅうえきじょかでん》に「天地有り、然《しか》る後萬物生まる」）。万物が生じ、その後に名前をつけた。名前がついた後、文字をあて、それを記録したのだ。文字を創ったのは、伏義《ふっき》（古代中国の伝説上の皇帝）より後の時代の倉頡《そうてつ》（黄帝の臣）とされている。天道は、万物にまだ名前もつかず、文字もない時代から存在したのだ。その天道にしても、人が生まれてから命名した。そういうことであるから、私のいうことも名前にこだわらずに聞いてもらいたい。

聖人孔子はすでに「仁」を根本とし、老子は「大道」を「仁」の根本と考えたから、「仁」と「道」という二つの言い方が存在するのであって、ただ文字だけを捉えて、どちらが根本なのかと議論するのは無意味だ。「声もなく、臭いもせず、万物の本体となるもの」（無聲無臭《おともなくかもなく》して萬物の本体と成る物）を、仮に名づけて「乾《けん》」とも「坤《こん》」とも「道」とも「理」とも「性」とも「仁」ともいっている。名前はばらばらだが、それらは一つのものだ。たとえば、『易経』（乾卦《けんか》）に出てくる「乾」を「元亨利貞《げんこうりてい》」（大いに亨《とお》りて貞《ただ》しきに利《よろ》し）というようなものだ。乾は「理」であり、元亨利貞《げんこうりてい》は「命」である。両者は、「本体」とその「作用《はたらき》」という関係だ。

※**声もなく、臭いもせず、万物の本体となるもの**　『中庸』に引用された『詩経』（大雅文王篇の辞）に「上天の載《こと》は聲《こえ》も無く、臭《におい》も無く至る」とある。宋の周敦頤《しゅうとんい》の著『太極図説《たいきょくずせつ》』では、「宇宙万有の本体」を「太極」と呼び、「形もなく無色無臭にして万物の根本となるもの」を「無極《ぶきょく》」と呼んだ。

文字を離れて考察せよ

【答（続き）】文字を離れて洞察することだ。「理」と「命」、名前は二つだが、一つだということを理解しないといけない。たとえば、「川」と「淵」がそうだ。水が流れているところは「川」といい、水が溜まっているところは「淵」といっている。「理」は淵のようであり、「命」は川のようである。つまり、「動」と「静」という違いはあるが、一つなのである。

『論語』（憲問篇）は「孔子の弟子の公伯寮《こうはくりょう》が、同じ弟子の子路が季孫《きそん》（魯の三卿の一人）に用いられているのを妬《ねた》んで讒訴《ざんそ》したことがあった。そのとき孔子がいったのは、聖賢の道が正しく行われるのは天の命であり、廃《すた》れるのもまた天の命であるということだった」（公伯寮《こうはくりょう》、子路《しろ》を季孫《きそん》に愬《うった》ふ。（中略）子曰く、道の将《まさ》に行われんとするや、命なり。道の将に廃《すた》れんとするや、命なり）と記し、『孟子』（尽心上篇）も「天命でないものはない」（命に非《あら》ざること莫《な》し）と述べている。このように、孔子と孟子がともに「正しい道の興廃、世の中の治乱《ちらん》は、すべては天の命」といっていることからも察せられるように、「命」とは「天が行うことの総称」であり、「理」はその命の「体」（本体）なのである。

『易経』（説卦伝《せっかでん》）にこんな一文が見える。

「その昔、聖人が易を作るにあたって、『性命《せいめい》の理』（人の本性と天の命じる道理）に順応させたいと考えた。そこで、天の道を立てて『陰』と『陽』とし、地の道を立てて『柔』と『剛』とし、人の道を立てて『仁』と『義』とし、三才《さんさい》（天地人）を兼ね合わせて『両《りょう》』とした」（昔者聖人の易を作るや、将《まさ》に以て性命の理に順《したが》わんとす。ここを以て天の道を立つ、曰く陰陽

と。地の道を立つ、曰く、柔と剛と。人の道を立つ、曰く、仁と義と。三才を兼ねてこれを両《ふたつ》にす）

陰陽、剛柔、仁義と分かれてはいるが、天地人の究極の道理は一つである。この「性命の理」を、身をもって自ら示しているのが聖人なのだ。そのおかげで、「人が何も為さずとも、世の中が自然にうまく治まる」（無為《むい》にして治まる）のである。

※命と理　中国では、占いの一つ「四柱推命《しちゅうすいめい》」を「命理」といっている。

※性命の理　『中庸』は「天の命を『性』、性に従うのを『道』、道を修めるのを『教え』という」（天の命之《これ》を性と謂《い》ひ、性に率《したが》ふ之を道と謂ひ、道を修むる之を教《おしへ》と謂ふ）としている。

※無為にして治まる　荘子（本名は荘周）の思想「無為《むい》自然」。荘子は、孔子の弟子の「曾子《そうし》」と混同しないために名前は「そうじ」、著書は「そうし」と読む。孟子と同時代人（春秋戦国時代）で、老子とともに「老荘思想」と呼ばれている。荘周の著『荘子』は、内篇・外篇・雑篇の計三十三篇より成る。

「理」に従えば「天命」に適う

【答（続き）**】**『論語』（衛霊公《えいれいこう》篇）に「何もしないで天下を見事に治めた名君といえば、それは舜をいうのであろう」（子曰く、無為《むい》にして治むる者は、其《そ》れ舜與《か》）とある。であれば、天の理に従う以外に道はないのではなかろうか。私が前述した『書経』（康誥《こうこう》篇）も、「理に逆えば、天命が変化して滅んでしまう」という文意の教えである。だから、「天の命は、常に一定というわけではない」（惟《こ》れ命《めい》、常に于《おい》てせず）なのである。このことを手本にして「理」に従うなら、今の時代でも天命に適うようにできるのだ。

では、理とは何か。天地はもとより、人、野獣、草木にいたる万物は、それぞれ分かれて道を行っているが、その道に備わっている「体《たい》」（本体）を仮に名づけて「理」（道理）といっているのだ。

それから、文字は天地開闢《かいびゃく》から数億年後に創り出されたものである。その程度の尺度で、天が生成した計り知れない数の物にあてはめようとしても、その万分の一にも届かない。この道理をよく理解しないといけない。文字にこだわりすぎるのは、五穀そのものを賞味するのではなく、五穀の糠《ぬか》や粕《かす》を食べるのと同じこと。どんなに理屈をこねても、文字だけではすべてを言い尽くせないのである。天地の本体というのは、もともと、文字を離れても、どうということはないので、昔も今も変わらないのだ。

その点、「命」は「作用《はたらき》」なので、動き変化する。それに対し、「理」は「体」であるから、動かず変化しないのが常態なのだ。動かないもの、変わらないものを「理」と名づけたと考えると理解しやすい。文字は、物事を天下に流通させる器のようなものだ。理は、その主人《あるじ》である。

『論語』（堯曰篇《ぎょうえつ》）に「度量衡《どりょうこう》を正しくし」（権量《けんりょう》を謹《つつし》み）云々とあるように、秤《はかり》も枡《ます》も天下で広く愛用されているから、「宝」のように大切に扱うのだ。『易経』（周易説卦伝《せっか》）に記されているように、聖人は「天下の道理を窮《きわ》め尽くし、人間の本性を知り尽くして天命を知るという境地に到達する」（理を窮め、性を盡して以て命に至る）ので、古今を通じて宝となる。この道理を理解することが学問の根本であると肝に銘じることだ。道理に精通したら、その時々にふさわしい解決法が見つかるようになるだろう。

※権量を謹み（武王は）度量衡を厳重にし、礼楽制度を整え、有用な廃官を復活させたので、天下の政治は円滑に行われた（権量を謹み、法度《ほうど》を審《つまび》らかにし、廃官を脩《おさ》むれば、四方の政《まつりごと》行わる）。

外面の損と内面の利益

【問】「性理《せいり》」（性命《せいめい》の理。人の本性と天が支配する道理）を知れば、ふさわしい解決法が見つかるとあなたはいうが、その時々に最も適したことを行うのは難しい。それなのに、あなたは、いとも簡単にできるかのようにいう。それが自分のためによいというのか、それとも、人のためによいというのか。

【答】よいというのは、その場合、双方にとって好都合という意味だ。

【問】双方ともによいというようなことは、ないのではないか。何かわかりやすい喩えで説明すべきだ。まず、ここに木綿があると仮定して、それを一疋《いっぴき》（疋《ひき》は布の単位）買って、あなたと私とで半々に分けるとすれば、二人ともきれいに織り上がった個所がほしいと思うだろう。この道理は、何も木綿に限ったことではなく、あらゆることにいえるはずだ。

別の例でいうと、奉公人を雇って仕事を命じる場合、同じ日にやってきた二人に同じ仕事をいいつけるとすれば、必ずどちらかを上役にし、もう一人は下役にする。その場合、上に立つ者は問題ないだろうが、下に立つ者は快くは思わず、不満を覚えるはずだ。このことから考えても、とにもかくにも双方ともによいというのはありえないことである。

【答】その時々の状況に応じたふさわしいやり方というものがあり、どうやるかは、それぞれのケースで異なる。

【問】それぞれのケースで異なるとは、どういう意味か。

【答】二人の奉公人の力量が同じ場合は、先に門を入って主人の所へ顔を出した者を上にする。一般的にいって、二人が並んで来るようなことはないものだ。もし力量に優劣がある場合は、力量の優れた方が上だ。仕事の役割で判断する場合は、同じ日に同じ仕事をやらせたとしても、仕事の早い方を上役にすべきである。そうすることは、いずれも天の道理に従っているだけであって、私が勝手に決めているわけではない。そういう理由で、その時々の状況に応じた最もふさわしいやり方があるといっているのだ。

【問】私が尋ねているのは、木綿についてだ。細かいことではあるが、返答しないのはわからないからか。

【答】いや、そうではない。いうまでもないことなので、返答しなかっただけの話だ。

【問】答えるまでもないというのは、具体的にはどういうことか。

【答】孔子（『論語』顔淵篇《がんえん》）もいっているではないか。「自分がしてほしくないことを人にしてはいけない」（己れの欲せざる所を人に施す勿《な》かれ）と。自分が嫌なことは他の人も嫌うものだ。で、木綿の件だが、私がその木綿を分ける立場だったら、織りの良い方をあなたに渡すだろう。あなたが分配する立場なら、良い方を渡さなければならない。もしもあなたが先に良い方を取り、私には奥の悪い部分を渡したとしても、私はあなたの世話になっているから、そうなったと思うだけだ。そのように考えたら、品物を分けるとき、いつもうまくいくのではないか。あなたに良い方を渡せば、あなたは喜び、私は「義」を尽くしたことで「仁」を養うことができる。これでいいのではないか。

【問】それではあなたは損をすることになるが、損をして喜び、それを「義」とする理由は何か。

【答】いや、私は損をするのではない。大きな利益を得ている。

【問】損をしているとはっきりわかることを利益というのは、どういうわけか。

【答】　孟子の言葉を借りるなら、君子も「生きることも大事だが、義はもっと大事だ」（生を舎《す》てて義を取る）ということになる。君子は命を捨ててでも義を取るのだ。それと比べたら、木綿など軽い話ではないか。たとえ一国を手に入れ、億万の大金を得たとしても、そうすることが道を外れているなら、どうして正義に反した行動が取れるだろう。外から見える商品で損をしても、外からは見えない「心の修養」という利益を得る。これに勝ることはないのではないか。

【問】　あなたは財宝を捨てて、ひたすら義を尊ぶという。ならば、目の前に利益がぶら下がっていても、義に反することなら手をこまねいているということか。

【答】　義に背く行いをすれば、心の苦しみとなる。私は、心の苦しみから逃れようとして学問をしているのに、わざわざ不義に走って心を苦しめてどうするのか。

※生を舎（捨）てて義を取る　『孟子』（告子上篇）に「生も義も取りたいが、どちらか一つ選べといわれたら、私は義を取る」（生も亦《また》我が欲する所なり、義も亦我が欲する所なり。二つの者兼ぬることを得べからざれば、生を舎てて義を取らん）とある。

知らないことは口にするな

【問】　商人たちは、常日頃から客を騙してでも利益を得るのが仕事だと思っている。だから、学問などには決して励まないのが普通なのに、あなたの塾には多くの商売人が出入りしているとのこと。してみると、あなたは、こっちではこっちの人に合わせ、あっちではあっちの人に合わせて教えていることになるわけで、『孟子』（尽心下篇）に引用されている「郷原《きょうげん》（村の君子）こそ正しい徳を損なう偽善者」（郷原は徳の賊なり）という孔子の言葉は、まさしくあなたのことだ。

ありていにいえば、あなたは学者とはいえず、ただ時流に迎合し、汚れた今の世の中にうまく合うような形で世間に媚びへつらい、人心を惑わせ、自分の心も偽っているちっぽけな人間だ。しかし、あなたの門人たちはそのことを知らない。それでも学者の端くれと自負しているというが、恥ずかしくはないのか。

【答】「君子は知らないことやわからないことを口にするな」（君子は其の知らざる所に於《お》いて蓋《けだ》し闕如《けつじょ》す）と孔子（『論語』子路篇）もいっている。どんなことでも、自分が知らないことは口にすべきではないのだ。このことを知らずに、言い散らすのは品性下劣である。そもそも、あなたのいっていることは、世間の人も疑っている。大きくいえば、道は一つである。ではあるが、その中に士農工商の四民それぞれが進むべき道がある。商人はいうに及ばず、四民から外れた乞食にも道はあるのだ。

「飢え死にしても盗まない」という信念に学べ

【問】乞食にも道があると？

【答】以前に聞いた話だが、ある人が江州《ごうしゅう》（近江国《おうみのくに》）へ行ったところ、そこに非人の村が一村あった。そこで、橋の渡り初めを祝う儀式が行われていたので、立ち止まって見ていると、非人の頭《かしら》とおぼしき者が円陣の中に座っていた。そこへ祝儀を持った村の連中がやってきた。その中の一人で痩せて顔色の悪い男が、茄子を三つ手にして頭の前へ進み出た。頭は、その男を見て「おまえは、近頃、病気を患っていると聞いていたが、どうして無理を押して茄子を持ってきたのか」と尋ねた。すると男は「そうなんです。私が長いこと闘病していると、小頭がやってきて、『このたび橋の渡り初めをやるから、お頭殿にご祝儀を差し上げてもらいたい』と申し渡されたので、夜中に人の畑へ忍び込んで盗んできたのです」と答えた。お頭は怒り、「乞食をするのは泥棒をしないためだ。盗みを働くなら誰も乞食などしない。おまえが村に住むことは許さん」といって、小頭を招き寄せて「この男の病気が治り次第、村から追い出せ」と命じたそうだ。

このように、たとえ飢え死にしようとも、盗みだけはしないという信念が乞食としての道なのである。『論語』（衛霊公篇《えいれいこうへん》）に、子路が憤《いきどお》って「君子でも窮することがあるのでしょうか」（君子も亦《また》窮すること有る乎《か》）と質問すると、孔子は「君子とて困窮することは当然ある。だが小人は、そうなると取り乱すのだ」（君子固《もと》より窮《きゅう》す。小人窮すれば斯《ここ》に濫《らん》す）と答えている。どんなに貧窮しても、正しい生き方をしたなら君子である。貧窮して欲望に突き動かされ、人の道に反することをするのは小人である。小人となって乞食にも劣る行為に走るのは、人として情けないことではないか。

【問】大体、商人には強欲な者が多く、日頃から利を貪るのを仕事だと思っている。そういう人間に無欲の心得を説くのは、それこそ猫に鰹節《かつおぶし》の番をさせるようなもの。商人に学問することを勧めるのは、辻褄《つじつま》が合わない。そういう理屈がわかっていながら教えているあなたという人は、とんだ食わせ者だ。

【答】商人としての正しい道を知らない者は、利を貪ることにのめり込み、かえって家をつぶしてしまう。それに対し、商人としての道を悟れば、欲得ではなく、「仁」を心がけて仕事に励むので、家は栄える。そのようにするのを「学問の徳」としているのである。

【問】それなら、売る物で利益を出さず、仕入れ値で売れと教えるのか。とすれば、あなたの塾で習う者は、表向きは利益を得ないことを学び、裏でこっそり利益を得ることになるが、それでは真の教育とはいえないどころか、でたらめを教えていることになる。本来やってはいけないことを強要するから、このように矛盾する話になるのだ。「商人に利益を得ようとする欲は必要ない」などとする説は、ついぞ耳にしたこともない。

【答】 私がいっていることは、でたらめではない。そのわけを説明しよう。ここに、君主に仕える武士がいるとする。その場合、俸禄を受けずに仕える者がいるだろうか。

【問】 そんな者がいるわけがない。孔子や孟子でさえ、「禄を受けないのは非礼になる」といっているが、どうあるべきなのか。禄を受けるときの状況によって変わってくる。受けるべくして受ける場合は、欲得とはいわないのではないか。

※禄を受けないのは非礼 『孟子』（公孫丑《こうそんちゅう》下篇）に次のように記されている。「斉を離れ、帰国の途についた孟子が休《きゅう》（地名）に滞在したとき、公孫丑が『先生は斉王に客卿《かくけい》として仕えておられたが、禄を受けられなかった。それは昔からの道でしょうか』と問うと、孟子は『違う。私は崇《すう》（地名）で斉王と会見したが、そのときすでに立ち去る意思を固めており、王を偽りたくないから禄を受けなかったのだ』と答えた」（孟子斉《せい》を去りて休に居る。公孫丑問いて曰く、仕えて禄を受けざるは古《いにしえ》の道か。（子）曰く、非なり。崇に於て吾《われ》王に見ゆることを得、退きて去るの志あり。変《いつわ》るを欲せず、故に受けざりしなり）。

商人は「愚直」に生きよ

【答】 商品を売って利益を得るのは、商人として当然の道である。仕入れ値で売るのが商人の道というのは聞いたことがない。売掛金《うりかけきん》（売利《ばいり》）を欲とみなして「道に非《あら》ず」とするなら、孔子はなぜ子貢（司馬遷の『史記』貨殖列伝に登場するほどの利殖の達人）を弟子にしたのだろうか。子貢は、孔子の説く道を商売にうまく適合させたのである。その子貢も、売買利益を得なければ富豪にはなれなかっただろう。商人の売買の儲けは、武士の俸禄と同じ。儲けのないのは、武士が俸禄を受けずに出仕するようなものだ。

具体例で話そう。さるお屋敷に出入りする御用商人が二人いた。そして、それ以外に新たに出入りを望む商人もいたが、窓口の買物方《かいものかた》の役人の話では「二人の御用商人から買う品物は、値段が、ことのほか高いように思う」とのことで、新しく出入りを願っている商人の絹の値段と比較してみると、金額にかなりの開きがあった。で、その役人は不愉快になり、出入りの御用商人を一人ずつ呼びつけて、こう告げた。

「そちらが持参した呉服は、ことのほか高かったから、他の商人のところの値段と照合してみたら、大変な差があった。不届き千万《せんばん》である」

それを聞いて、出入りの商人の一人は反論した。

「私どもが御用を粗末に考えたことは少しもございません。初めてこのお屋敷への御出入りをお願い致しました折には、損をしてでもと思っておりましたが、その先々もずっとその値段を続けるのは無理でございます」

この商人は、役人に口述書を取られ、帰された。

続いて、役人がもう一人の御用商人を呼び、「不届き千万」と申し伝えると、

「仰せ、ごもっともでございます。私ども、去年までは父が存命で御用達に関わっておりましたが、亡くなってしまい、代わって私がお役目を仰せ付けられましたのですが、不調法なもので、勝手がよくわからず困惑しております関係で、仕入れ下手ということもあり、仕入れ先が高値で売ったかもしれず、とても不安に存じております。しかもこちらのお屋敷が調達なさった呉服を高い値段でお届けしてしまったことは、これまで受けたお殿様の御恩を忘れた所業と申すしかありません。今しばらくは、お殿様から頂戴しております扶《ふ》持米《ちまい》（俸禄）で生活をし、今後一、二年のうちに家屋敷の道具などを処分して借金を返済したうえで、お屋敷の御用を務めさせていただけたらと存じます」

といったので、それを口述書とし、家へ帰された。

その後、協議が行われ、一人の御用商人は、経済的に苦しいかのように装って高利を申し立て、しかも役人を言いくるめようとした罪があるとされ、御用商人としての仕事を召し上げられたとか。

一方、もう一人の御用商人は、正直な言い分であったのに加えて、その商人が貧乏になったのは亡父の奢った暮らしが原因で、本人の罪ではなかった。それなのに、亡父の罪

を自分がかぶるという孝行な心やお殿様への忠義心などが見られたことから、後々も世のために役立つと判断され、役人が昔の借金にも耳を傾けて助力し、「これまでどおりの御用向きをせよ」と命じられた。これぞまさしく、正直によって幸を得たお手本。そうなったのは、「三つの徳がある」とみなされたからだ。一つは、お殿様から受けた深い御恩を忘れず、高い値段をつけなかった誠実さ。一つは、父の贅沢を隠そうとした孝の心。一つは、役人を言いくるめようとしなかった正直さ。これら「三つの徳」がめぐりめぐって自身の幸せにつながったのである。

もう一人の御用商人がいった「御用を粗末にしてはおりません。初めて御用をさせていただくときは、損を承知でお届けします」などという言い方は、世間でよく耳にする口上ではあるが、それを聞かされる身になってみると、値段に目に余るほどの違いがあっては「なるほど、もっともだ」とは思えないだろう。適当にその場逃れの嘘をいっていると思うに違いない。弁舌巧みにいえばいうほど、聞く方は胡散臭く感じるものだ。

世間の人は賢いように見えて、実際には「実の道」(物事の本質)まで学んではいないから、自分が犯している過ちが増えているのがわからない。そのあたりのことをよく考えてみれば、何事も嘘があっては失敗するということに気づくはずだ。たとえば、煙草入れ一個、あるいは煙管《きせる》一本買うにしても、それが良品か粗悪品かは見て簡単に判別できるのに、あれやこれやと言い募《つの》るのは問題のある商人だ。それに対し、ありのままにいうのは良い商人である。相手の誠実さ、不誠実さがわかるように、相手もまた、こちらの誠実、不誠実がわかっていることに気づかない。

『大学』（伝六章）に「他人が自分を見る視線は、体の奥にある肺や肝臓を見通すくらい鋭い」（人の己《おのれ》を視ること、其の肺肝を見るが如し）とある。この道理がわかるようになると、言葉をありのままに話すので「正直者だ」と思われ、どんなことも任されるようになり、苦労することなく人の倍も売ることが可能になる。商人は、人から正直だと思われ、互いに「善い人」と感じて心を許し合える間柄にまで発展するのが望ましい。その醍醐味は、学問の力なくしてはわからないだろう。それなのに、「商人には学問はいらない」といって、学問を毛嫌いし、近づこうとしないのはどういうことなのか。

【問】そうはいうが、世間では「商人と屏風は、直《す》ぐには立たぬ」と皮肉っている。これをどう説明するのか。

【答】世間に流布《るふ》している言葉には、そのような見当違いが多くみられる。まず屏風だが、少しでも歪んでいると折りたためないし、置く場所が平らでないと立たない。商人も同様で、自然な正直さが備わっていないと、他の商人に伍して頭角を現すのは難しい。そのことを、まっすぐであることが欠かせない屏風に喩えたのである。「屏風も人も、まっすぐなら立つが、曲がっていたら立たない」ということを取り違えて世間でいっているだけだ。誇張した言い方をすれば、屏風の直《すぐ》（屏風に必要なまっすぐさ）は、それこそ古の伯《はく》夷《い》の直（賢人伯夷のまっすぐさ）以上かもしれない。

※商人と屏風は、直ぐには立たぬ　今日でも「屏風は曲げないと立たないが、商人も自分の気持ちをまげないと商売がうまくいかない」という意味に解釈されている諺だが、そうではないと梅岩は否定。

※伯夷　「伯夷・叔斉《しゅくせい》」と並び称され、司馬遷の『史記』列伝の最初に登場する中国古代（殷《いん》・周交代時代）の伝説上の賢兄弟の兄。孟子（『孟子』萬章《ばんしょう》下篇）は「聖人の中でも特に清廉潔白な人」（孟子曰く、伯夷は聖の清なる者なり）と評した。伯夷は、孤竹《こちく》という国の公子で、周の文王《ぶんのう》の徳を慕って同国へ身を寄せたが、文王が死ぬと、その子武王が殷の紂《ちゅう》王を討った。そのとき「臣が君を討つのは不義だ」と諌めたが受け入れられず、弟叔斉とともに首陽山《しゅようざん》に隠遁、ワラビだけを食して餓死した。

「儲けがなくてもいい」は商人失格

【問】それにしても、屏風に比肩されるほどの商人の正直さとは、どういうことか。

【答】「商品を売ることを商いという」（貨《たから》を鬻《うる》を商《あきない》という）と『漢書』（食貨志《しょっかし》）に書いて

ある。つまり、俸禄も商品の販売価格に含まれていることを知るべきなのだ。だから商人は、左の物を右へ移してもすぐに利益を手にすることができる。その利益は不正なことをして得ているわけではない。

仲介専門の商人を「問屋」という。問屋が口銭（手数料）を取ることは、店内のどこかに注意書きを貼っておけば誰の目にも入る。鏡に物を映すように、どこにも嘘いつわりはない。隠し立てするようなことでもない。正しい方法で利益を得ているのだ。商売は、正しい方法で利益を上げることで成り立っている。正しい方法で利益を上げるのが商人としてのまっとうな生き方であり、利益を上げられないのは正しい商人の道とはいえない。

ところが、武士はというと、商人が「この商品を売ると、私どもは、損を蒙《こうむ》りますが、それを承知で安くお売りしましょう」といっても買わず、「買ってやるのは、おまえに儲けさせるためである。おまえの援助は受けぬ」というのが常なのだが、利益を得ようとしないのは正しい商人の道に反することなのである。

相場の変動は天の采配

【問】であれば、「仕入れ値はこれくらい」「利益はこの程度」というような世間一般に共通する取り決めがあってしかるべきではないのか。それから、嘘いつわりをいって値引きして売るというのは、どういうことなのか。

【答】 売値はその時々の相場で変わるので、銀百匁（約十三万円）で仕入れた商品が九十匁（約十二万円）でないと売れないこともある。しかし、それでは損失が発生するので、銀百匁の値をつけていた品を百二、三十匁（約十六〜十七万円）にして売ることもある。相場が上がれば強気になり、下がれば弱気になる。相場の変動は、天の采配によるものであって、商人の恣意《しい》でどうこうできるわけではない。

幕府によって公定価格がつけられた商品以外は、時々変動する。いや、常に変動する。たとえば、今朝までは金一両で米一石を買えたのに、昼には九斗しか買えなくなって、小判の価値は下がり、米の価値は上がる。あるいは、その逆に小判の価値は上がって米の価値は下がるといった塩梅《あんばい》なのである。

世の中で最も大きな売買でさえ、こうである。その他もろもろの商品は、例外なく日々の相場が変動している。その変動は公的なものであって、商人が私的に操れるものではない。それに、一人の商人が他の多くの商人に背いて「仕入れ値はこれ、利益はこれ」というようには区分しにくい。このことに嘘いつわりはない。それをいつわりだといわれてしまったら、売り買いはできなくなる。売り買いができなくなれば、買い手に品物が渡らなくなり、売り手は売れなくなる。そのようなことになったら、商人は世渡りができなくなり、農業や工業の分野に移るしかない。商人が農工に転身したら、商品を流通させる者が誰もいなくなり、万人が困ってしまうだろう。

※**銀百匁**　梅岩の生きた享保年間（江戸中期）の貨幣価値は、金（享保小判）一両＝銀六十匁＝約八万円として計算。銀一匁は約一三三〇円だから、百匁は十三万三〇〇〇円見当になる。

商人の売買益は武士の俸禄と同じ

【答（続き）**】** 士農工商の四民は、世の中がうまく治まるように力を尽くさないといけない。四民のどれか一つが欠けても、他の身分の者で補うことができない。四民を統治するのは、主君の仕事である。その主君を助けるのが四民の仕事だ。士《さむらい》は、元来、「位の高い臣」として位置づけられている。農民は「草莽《そうもう》の臣」で、商人と職人は「市井《しせい》の臣」だ。どの臣も主君を助けるのが道である。商人が品物を売買するのは、世の中がうまく回っていくのを助けるためだ。職人に支払う手間賃は、職人の俸給である。農民に与えられている「作間《さくあい》」と呼ぶ農閑期も、武士の俸禄と同じだ。わが国のすべての民は、産業がなければ暮らしていけない。

商人の売買は、天下御免のれっきとした禄である。なのに、あなたは「商人は、欲得で売買益を独り占めしているから、そこに道などない」と悪くいって差別しようとする。何のために商人だけを軽蔑し、嫌悪するのか。今、あなたが買い物をしたとして、「売買で得る利益の半分は支払わない」といって、その金額を差し引いて支払ったら、国の法を破ることになる。商人がお殿様から御用を仰せ付けられた場合も、きちんと利益分もくださっている。つまり、商人が得る利益というのは、お殿様の許しを得た俸禄のようなものなのだ。ただし、田畑の「作得《さくとく》」（農民が年貢を納めた残りの収穫分）と職人の「手間賃《てまちん》」と商人の「利益」は、武士の俸禄と同じ感覚で何百石とか何十石と呼ぶ類ではない。

日本でも中国でも、売買で利益を得るのは決まりごとである。その売買益を得て商人としての務めに励めば、おのずと世の中のためになる。商人が利益を得ないと家業は立ちいかなくなる。商人の俸禄は、前にいったように、売買で得る利益であるから、買う人がいて初めて得られるのだ。

商人が顧客に呼ばれて行くのは、役目に応じて行くのと同じだ。欲得に駆られてのことではない。士《さむらい》の道も、主君から俸禄をいただかないと務められない。それに対し、「主君から俸禄を受けるのは役得だ」とみなして「道に反する」と批判するとしたら、孔子や孟子をはじめ、世の中に道を知る人はいないことになってしまう。あなたは、士農工は除き、商人が禄を受けるのを「欲得」といい、「商人は道を知ることなどできない」と決めつけるが、それはどういうことなのか。私は、「商人には商人としての道がある」ということを教えているのであって、士農工のことを教えているのではない。

商人がやってはいけないこと

【問】　そういうことであるなら、商人が売ったり買ったりする物品で利益を得ることは、理想的な姿である。道に外れていてよくないことは、そのほかにもあるだろうか。

【答】　今の世の中のありさまを眺めると、道を外れたよくないことが多い。そのことで教えたいことがあるのだ。真の商人なら、身を慎んで絶対に行わないことがある。実例を挙げて説明しよう。私が幼年時代に聞いた話だ。

昔、ある国に水浸しになって農作業ができなくなっている田畑があった。その田畑には、水浸しになる以前に課されていた年貢があり、それが水浸し後も続けられていたので、所有者の農民が窮余の策として果物を植えると、稲作よりも良い成果が得られた。すると、その果物に対して、先君の代に新たな税金が課されたという。現君主は、それをかわいそうに思って、新しく税を課す法を廃止して農民の負担を軽減しようと考えた。しかし、父である先君が始めた制度なので、その法を変えることは子として抵抗があったが、最終的には廃止する決断をし、家臣を召して、こう告げた。

「城下には二階建ての家を建てている者がいる。二階建ての家には、例外なく運上を課せ」

不審に思った家臣は、他の者とも相談し、主君に言上した。

「先だって、殿は二階建て税を取れと仰せられましたが、そのような例は昔からありませんので、どうか課税の儀はお許しください」

すると主君は、こういった。

「先例がないと申すか。余は、その先例をもって言いつけたのである。例の水浸しの田地は、田として年貢を徴収しておきながら、さらに果物畑としても運上《うんじょう》を取るというのは、二階建ての家に運上を課すのと同じことである。過去に例のないことではないぞ」

以後、果物に運上を課すのはやめ、田の年貢だけになったという話だ。領民たちは、口々に「お殿様の仁愛がゆき渡らないところはなく、民をわが子のように慈しむ為政が行われ、世にもありがたいことだ」といったという。

商人も、このような事例を手本にしなければいけない。しかし、世の中では、二重に利益を取り、甘美な毒を食らって自死へと堕ちていくようなケースも多いようだ。その実例を二、三挙げてみる。まず、呉服の話をしよう。ここに絹一疋《いっぴき》、帯一筋《ひとすじ》があるとする。そして、その丈の寸法が正規のものより一、二寸（約三〜六センチ）ほど短い品物があった場合、織元業者（織屋《おりや》）が「これは丈が少し短い」と告げて値段を割り引くのが筋である。

だが、わずか一、二寸短いだけなので、欠陥商品（疵物《きずもの》）とするほどでもなく、絹は一疋、帯は一筋として普通に正札をつけて売って構わないのだが、布地の尺の不足分で利益を得、さらに正規の品と同じ値段で売って利益を得るとするなら、これは「二重の利益」を得たことになり、国の法律で禁止されている「二枡使用《ふたます》」（仕入れるときに使う枡と売るときに使う枡の容量が異なるようにして儲ける手法）に似ているといえる。

別の例でいうと、染物屋が相手でも、染め違いがあれば、些細なことを大げさに言い立てて値引きさせて支払い、それを手がけた染色職人の悪口をいって痛めつけておきながら、その一方で、注文主の客に対してはきちんと染め代を請求して金を受け取るが、職人にはその金を渡さないこともある。そういう場合も、「二重の利益」以上の悪事である。とかく世の中には、この手のことが多いのである。

もう一つ、別の例を示すと、家業の経営状態が芳しくないために、買掛《かいかけ》で仕入れたり、借金先に対し、その三割とか五割を支払い、詫びて済ませたりすることもあると聞く。その債権者の中には、売掛金額の多い者が債務を負った相手に「礼金」を請求し、それを受け取っておきながら、表面上は損を蒙ったように装い、実は損などしていない者もいると聞いている。このように手の込んだ盗みを行うことを「不正」というのである。

天知る、地知る、我知る、人知る

【問】詫びている相手から「礼金」を受け取り、うまい汁を吸う人間は、商人ばかりだろうか。商人以外にも、その手の者はいるものだ。

【答】商人の多くは道を知らないから、そんなことをしてしまう。商人としての正しい道を知って事に対処する者は、義に反するそのような行為はしないものだ。御領《ごりょう》（幕府の直轄領）や家領《けりょう》（堂上《どうじょう》諸家の領地）を管理する庄屋《しょうや》（名主《なぬし》・肝煎《きもいり》と呼ぶこともある村役人）とか、村年寄《どしより》（庄屋の補佐役で、村の指導者）であっても、お殿様の正しい政道を見習って、その代理として仕事を行っているのだから、百姓から礼金などを受け取るようなことがあってはならない。そもそも士《さむらい》と呼ばれる身分の者が、下々の者たちからこっそりと礼金などを受け取ることがあれば、その者に対して何かと贔屓するようになるに違いない。下々の者と同様に、何かにつけてそのような取り持ち行為を行う武士は、士と呼ぶべきではない。そのようなことをするのは盗っ人《と》であって、士ではない。

上に立つ者が下に従う者から賄賂などをもらっては、政道が成り立たない。たとえしばらくの間はばれなくても、「天知る、地知る、我知る、人知る」（天地の神々も、自分も、あなたも知っているのだから、必ず露見する）のだから、いつかは表沙汰になって天罰を受けるだろう。天罰を知らない者が、この天下泰平の世にいてはならない。だが、商人は士とは違うので、そのような義に反することも行ってしまうのだ。ほんの少しでも道を志す気持ちがあるのなら、決してやってはならないことである。

※天知る、地知る、我知る、人知る 四知《しち》。後漢の楊震《ようしん》が賄賂を断るときにいった言葉。

「真の商人」に必要なものは何か

【問】 詫びを入れる人が礼金を出して、よろしくお願いするのは悪いことなのか。いや、それとも、礼金を受け取って何かを依頼させる者が悪いのか。

【答】 その場合、頼む方は下の立場になる。それに対し、頼まれる方は上の立場になる。頼む側にも頼まれる側にも罪があるが、罪の重さでいうと、上が七で下が三だ。昔から知恵のある者は上に立ち、そうでないものを統治し、使役してきた。無知な者は、下位の立場になって労働することで上の者を養う、と『孟子』（滕文公上篇）にも書いてある。

「ある者は頭を使い、ある者は体を使うという。頭を使う者は人を統治し、体を使う者は統治される。統治される者は人々を養い、統治する者は人々から養われる」（或る者は心を労し、或る者は力を労すと曰うなり。心を労する者は人を治め、力を労する者は人に治めらる。人に治めらる者は人を食《やしな》い、人を治むる者は人に食《やしな》わるるは、天下の通義なり）

上に立つ者の潔癖さを模範とするのは、遠い昔からの人の道である。その正しい道を守らず、詫びる人に歩調を合わせて義に反する礼金を受け取り、それも財産の一部と考えるのは浅ましすぎる。たとえ身分の低い家に生まれても、同じ人間だ。経済的に困窮している者は、資産が減っても礼金を返して詫びるしかない。貸した方には、それ相応の損金が発生する。そのとき、両者の間に入って仲を取り持つような顔をして礼金を取る者は、盗っ人と同じである。そのようなことをする者は、甘美な味のする毒を服用して自殺するようなものだ。

また、人に使われている手代の中にも、こうした邪悪なことをする者が多くいる。これは、主人が思いもしない悪いことを考えついて、主人に甘い毒を食わせてその家を断絶させるのと同じだ。『孟子』（告子上篇）の「主君の悪事を諫めるどころか、逆に増長させてしまうのは、まだ罪が小さい。だが、主君に悪事をそそのかすのは、罪が大きい」（居の悪を長ずるは、其の罪小なり。君の悪を逢うるは、その罪大なり）がそれだ。だが主人は、金銭の損さえ少なければ、その手代を忠義な者と勘違いしてしまい、自分の身を滅ぼされるとも知らずに、手代の処理を喜ぶのである。そうなる理由を探ると、「商人には学問はいらない」といって講義を聴こうともせず、それどころか、聴く人を笑っている。

そのことは、喩えていうなら、一匹の鼻のある猿が、鼻のない九匹の猿に笑われているようなもの。自分は賢いと思って不善（善に背く）道に落ち込んでしまったら、その家にやがて禍がやってくるのに、そのことに気づかない。悲しいことだ。『易経』（周易上経《しゅうえきじょうきょう》・坤附文言伝《こんふぶんげんでん》）に「善行を積み重ねた家では、その禍福の余沢《よたく》が必ず子孫に及ぶし、不善を積み重ねた家では、その災禍が必ず子孫に及ぶ。臣下の身でありながら主君を殺したり、子でありながら親を殺したりするような大それた行いは、決して一朝一夕に起こるわけではないのだ」（積善《せきぜん》の家には必ず余慶《よけい》あり。積不善《せきふぜん》の家には必ず余殃《よおう》あり。臣にしてその君を弑《しい》し、子にしてその父を弑するは、一朝一夕《いっちょういっせき》の故《こと》に非《あら》ず）とある。

これが、私の教えの眼目とするところである。聖人の仁の心をじっくりと考えてみることだ。聖人とは、述べてきたように、不善を憎むのである。そのことがわかれば、二重に利益を騙し取ったり、同じ分量に見せかけた二つの枡《ます》を使い分けて誤魔化したり、こっそりと礼金を受けるなどの商行為は危険であり、『論語』（述而篇《じゅつじ》）にある孔子の「不義を犯して手に入れた金や地位は、私にとっては、空にぽっかりと浮かんだ雲のようにはかないものだ」（不義にして富み且《か》つ貴《とうと》きは、我に於《おい》て浮雲《ふうん》の如し）という一節を思い浮かべることだ。

このように、慎み深く生きられるようになるのが「学問の力」なのである。世の中の様子を見渡してみれば、外見は商人のように見えるが、その実体は盗っ人という者がいる。その点、「真の商人」は、相手もうまくいき、自分もうまくいくことを願うものである。

誤魔化すような商人は、相手を騙してその場を取り繕《つくろ》う。そういう者と真の商人とを同列に論じるべきではないのだ。

【問】商人としての道のあらましは、以上の説明で十分であろうか。

【答】今、話したのは、売買の道である。これ以上は、もっと煩雑で、この場ですべてを語りつくすのは難しい。

【問】ならば、ほかに何か難しい教えはあるか。

【答】いや、難しい教えではない。しかし、「五常五倫」は、天下国家を統治するのと同列である。そのために、小さな家でも教えがあるのだ。

喩え話で説明しよう。ある田舎の村に「大仏殿《でん》を見たい」と言い出した年寄りがいた。その子どもは孝行者で、地元の大工に「親に見せたいので、大仏殿の雛型をつくってもらえないか」と話した。「自分の力量では大仏殿の雛型《ひながた》は無理だ」と大工は断った。「いや、ごく小さなもので構わないのだ。四、五尺（一二一・二〜一五一・五センチ）ぐらいのもので構わない」と重ねて頼むと、大工は「どんな堂であっても、建てる方法がわからないと、雛型を作るのは無理だ。堂には大小があるが、やるべき仕事に変わりはないからだ」といった。

天下を治めるのは、大仏殿を建立するようなもの。小さな家を治めるのは雛型の小さな堂を建てるようなもの。家一軒には君臣がおり、夫婦がおり、兄弟がおり、朋友との交友もある。そこに人倫の道が存在しなければ、たとえ小さな家であっても、きちんと治まらない。小さな家を治めるのも仁、天下国家を治めるのも仁。この二つの仁に変わりはないのである。商人の仁愛にしても役に立てばこそで、先年の大飢饉では、救済米を提供した者全員にお殿様が褒美をくださった。飢えた者を救って死なないようにするのが人の道なのである。

※先年の大飢饉　享保の飢饉。西日本一帯を襲った享保十七（一七三二）年の大飢饉で、天明の飢饉（一七八二〜八七年）、天保の飢饉（一八三三〜三六年）と並ぶ江戸時代の三大飢饉と呼ばれている。干伐、虫害、水害、疫病流行が重なって、約二百六十五万人もの餓死者が出、被災地へ米を送ったために江戸の米価が高騰し、打ち壊しが起こった。当時の江戸の人口は百万人で、全国の人口が約三千百万人だったことを考えると、空恐ろしくなる。『都鄙問答』には、こうした時代背景が色濃く反映されている。

「一事から万事を知る」が商人の心得

【問】　では、商人としての心得は、どのようにするのがよろしかろう。

【答】　さきほど申したとおり、一事から万事を知るのが第一だ。一例を挙げていうと、武士たる者は主君のために命を惜しんでは士《さむらい》とはいわれまい。商人も、そのことがわかれば、自分の道はおのずと明らかになる。自分を養ってくれる顧客（商売相手）を粗末にすることなく、心を尽くせば、十中八、九は先方の心に訴えるはずだ。先方の気持ちに添うような形で商売に精魂込めて日々努めるなら、世渡りする上で何も案じることなどない。

加えて倹約第一を心がけ、従来は銀一貫（約一三三万円）を計上していた諸費用を三割減らして七百匁（約九十三万円）とし、一貫（約一三三万円）と予想していた利益を一割減の九百匁（約一二〇万円）に減額修正して商いすることだ。売り上げ十貫（約一三三〇万円）のうち、利益を一割減の九百匁（約一二〇万円）にすることで、商品の値段が高いと文句をいわれる心配はなくなる。文句をいわれないから気持ちも楽だ。

それから、前にいった反物のわずかな寸法違いを利用した「二重取りの利益」を取らず、染物屋の色の染め違いに対しても、無茶なことはせず、倒産した人と示し合わせて礼金を取ったりせず、債権者仲間の取り分をくすねたりせず、決めごと以外に強引なことは行わず、贅沢はせず、身の回りの道具に凝らず、遊興は止め、家屋敷の増改築を趣味としない。こういったことをすべて控えて、慎み深くすれば、一貫の利益予想を見込んだ商品が実際にはその九割（九百匁）の利益しか得られなかったとしても、家業は安泰である。

商品売買での不正は、利幅を百匁（約一三・三万円）少なくしたら、大体なくなると考えてよい。喩えていうと、一升（一・八リットル）の水に油を一滴たらすと、水面いっぱいに拡散して一升の水全部が油のように見える、あれである。そうなっては、その水は売り物にならなくなる。売買の利益とは、そのようなものなのだ。つまり、不正で得た金百匁が、全体の儲けである九百匁（約二二〇万円）の金すべてを不正色に染めてしまうのだ。不正によって百匁を儲けたことで、九百匁の儲け全部が不正な金とみなされることは、ほんの油一滴のために一升の水を捨てるようなもの。そうやって商家の子孫が滅んでゆくことを知らない者が多い。

利益の二重取り、倒産者とつるんだ礼金、支払い時のからくりといった無茶を次々と重ねたところで、家業を維持できるという保証はない。この道理は、商売のみならず、すべてのことにいえるはずだ。しかし、欲がまさって百匁（約一三・三万円）という数字が頭から離れず、不正な金に走って愛すべき子孫が絶え、家が滅びてしまうという理屈がわからないというのは、情けないことではないか。

何はなくとも「清廉潔白」

【答（続き）】 とにもかくにも、前述したように、今の時代は何ごとにつけても士《さむらい》を清廉潔白の鑑《かがみ》とし、自分の生き方の手本とすべきである。『孟子』（梁恵王上篇）は、「恒産《こうさん》（一定の財産）がなくても恒心《こうしん》（心の安定）を失わないのは、君子だけだ」（恒産無くして恒心有るは、惟《これ》士のみ能と為す）といっている。

その昔、鎌倉幕府の最明寺《さいみょうじ》殿（北条時頼《ほうじょうときより》）が執権を相模守《さがみのかみ》殿北条時宗《ときむね》に譲って、諸国をめぐり歩いたのは、世の中の不正を正そうとしたからだ。つまり、下の者の訴えが上まで届かないことを憂慮したからなのだ。上に立つ者に仁の心があれば、下に続く者が義の心を持たないはずがない。

こんな話がある。青砥左衛門尉藤綱《あおとさえもんのじょうふじつな》は、引付衆《ひきつけしゅう》として鎌倉で訴訟を扱っていたとき、時宗の御家人と公文所《くもんじょ》（公文書を扱う役所）の役人の間で係争があった。時宗の御家人側に非があったが、評定する者たちは、時の権力に恐れをなして是々非々をはっきりいえなかったが、青砥だけは是々非々をはっきり主張して白黒をつけた。公文所の役人たちは大喜びで、判決が出た日の夜、青砥の屋敷の背後にある山側から邸内に謝礼として銭三百貫を投げ入れた。そのことを知った青砥は、喜ぶどころか、残らず返却させて、こういったのである。

「褒美を受けるべき人は北条時宗殿である。裁判を公明正大にしたのは時宗殿を信頼申し上げるからである。世の中の是非（道理に適っていることと外れていること）をはっきりさせれば時宗殿が喜ばれる」

このような人物こそ士《さむらい》として列すべきなのである。しかし、才知という点では青砥にかなわないという者もいるだろう。だが、正義に背く贈答品は受けないという点で青砥に劣っているようでは、士とはいえまい。そう考えるなら、「世の人々の鑑《かがみ》」となるべき者は、士を置いてほかにいないのである。『論語』（里仁《りじん》篇）に「力が足らない者に私はまだ会ったことがない。いや、そういう者はいるのかもしれないが、私はまだ見ていないのだ」（我未だ力の足らざる者を見ず。蓋《けだ》し之れ有らん。我之《これ》を未だ見ざるなり）とある。

世間は広いから、鼻をふさいで義に反する臭い物品を受け取る者もいるだろう。そういう者がもしいたら、武士に似せて刀を差す盗っ人であろう。物事を頼む方から賄賂を求めるような輩《やから》は、壁に穴をあけて家の中へ押し入る泥棒と何ら変わらない。青砥が裁判を公明正大に行ったのは、北条時宗殿を尊敬しているからであって、青砥のように、わが身を立派に修め、役目を正しく勤め、不正に手を染めない家臣は、まさしく主君への忠義の心が篤いということなのである。

今の時代にも不忠義の士はいる。商人にも「二重の利」を貪《むさぼ》り、訳ありの金を受け取っている者もいるが、そういうことは先祖に対する不孝であり不忠義であると認識し、身分は士でなくても、心は士に劣らないようにしようと思わないといけない。商人の道も士農工の道と異なりはしない。孟子もいっているではないか。「道は一つだけだ」と。士農工商は、いずれも「天の一物」（天がつくった物）である。天の道に二つの道があろうはずがない。

※道は一つ　『孟子』（滕文公《とうぶんこう》上篇）に「世子（滕文公）よ、吾が言を疑ふのか。夫れ道は一つのみ」とある。

巻之三

性理問答の段

人の性は善か悪か

【問（ある学者）】　大聖人孔子は、「三綱《さんこう》」（君は臣の綱となり、父は子の綱となり、夫は妻の綱となる）や「五常《ごじょう》」（仁義礼智信）の道を説いたが、「性理」（人の本性と道理）については論及しなかった。だが、孟子に至って、「人の性（本性）は善である」との説（性善説）を唱え、「私は〝浩然の気〟を養っている」（『孟子』公孫丑《こうそんちゅう》上篇）とも語った。

一方、孟子と同時代人の告子《こくし》は、「生は性だ」とか「人の本性は善でもないし不善でもない」（性は善なく不善なし）とか「人の本性は、こぶやなぎ（杞柳《きりゅう》）のようなもの。人の本性は、渦巻く水のようだ」（性は猶杞柳《なおきりゅう》のごとし。性は猶湍水《たんすい》のごとし）といったと『孟子』（告子上篇）は記している。

後の時代になると、唐代中期には韓退之《かんたいし》（韓愈《かんゆ》。文学者・思想家）が「人の本性には、上中下の三種類がある」（性に三品《さんぴん》あり）とする「三品説」を論文「原性」で発表。時代が前後するが、荀子は、戦国時代末に「人の本性は悪である。善などというのは偽りだ」と主張し、漢の楊子《ようし》は『楊子法言』を著して「人の本性には善と悪が混じっている」（善悪混ぜり）とする「善悪混淆《こんこう》説」を唱えた。そのほか、いわゆる「老荘」（春秋戦国時代の老子・老子の説を継承発展させた荘子《そうじ》）の「虚無説」や仏教の「寂滅《じゃくめつ》説」など、人の性について言及した学者の数は多く、いちいち挙げて数えられないくらいだ。

どの説が正しくて、どの説が正しくないといったらよいのか、わからない。そのような状態なので、わが国の儒者たちも、ある者は孟子が正しいとし、ある者は告子が正しいとし、またある者は孟子は間違っているとし、かと思えば、孟子以下どれもダメだという者もいる。

その議論は、どれ一つとして決定的ではない。しかし、あなたは、宋代の儒者が正しいとみなし、孟子を崇拝して「人の性は善だ」という。だが、私にいわせると、いずれの説が是か非かは決めがたい。あなたも同じ人間だから、どの説と決めてはいないだろうが、孟子を支持する儒者も多く、世間一般でも孟子がよいと評価する者が多いことから、あなたの気持ちの中で孟子の「性善説」に納得し肯定しているわけでなくても、まず「人の本性は善だ」と主張しているように見受けられる。

しかし、それでは学者としての公正な判断とはいえない。私のように、疑わしいと思ったら「疑いがある」とはっきりいった方が正直だ。もっとも、世渡りの点からいえば、歓迎できないかもしれない。だが、心中には罪の意識があるのではないか。あなたの首根っこをがっしりと押さえつけて問うなら、あなたが主張する「性善説」には、これだという確たる根拠はないのではないか。根拠はないが、まずは孟子に寄りかかって「性善説」といっているのではないのか。

【答】 いや、そうではない。それはそれで、あなたがどう思おうが、私は構わない。所詮、私がいうことを聞く耳は持たないのだから。

【問】 あなたが考えていることに的中したから、そのように答えるのか。

【答】 そうではない。「腐った木には彫刻できない。腐り崩れた壁は塗り替えられない」（朽木《きょうぼく》は彫《え》（雕）るべからず。糞土之牆《ふんどのかき》を杇《ぬ》るべからず）と『論語』（公冶長篇《こうやちょう》）にあるが、あなたのように自分の「体《たい》」（本体）を見失っているのに、そのことに気づかない者は、朽ち木に彫刻をするようなものであり、死人を相手にするようなもの。

一体全体、誰に向かって語ろうとするのか。「性善というのは正しいかどうか、自分自身の本性に合っているかどうか」などと、まず自分の中で手本となるものを探し求めてから行うべき議論である。

孔子の命題「一を以て貫く」とは

【答（続き）】そこで、「性善」のことは、ひとまず置いておき、「孔子一貫《いっかん》」（『論語』里仁《りじん》篇）を、どのように理解しているのか尋ねたい。

【問】曾子《そうし》（孔門一の秀才）の「忠恕《ちゅうじょ》に尽きる」という説明で明快だ。疑う余地などない。

【答】曾子がいった忠恕は最高の善だ。性理についてよく知らない後世の者でも、「忠恕とは、道を貫くことだ」という程度のことはいえる。だが、「一貫（一《いっ》を以て貫く）は忠恕のことだ」というのは間違いである。なぜかというと、昨今のように、日本でも中国でも「忠恕」ばかり論じるのは、「聖人の道を伝える系統」（聖人の道統《どうとう》）とは思えない。だが、思えないからといって、その系統を廃止してしまうのは罪である。あなたのように、性善説を理解せずに「道が一貫すれば、忠恕だ」というのは、曾子の粕《かす》を食べているだけだ。

一貫というのは、本性が善であることを端的に言い表した絶妙な道理（性善至妙《しみょう》の理）であるだけでなく、聖人の心そのものなので、言葉を離れて一人ひとりが自分自身に当てはめて考え、理解するようにしないといけないのだ。

孔子が「吾が道は一を以て之を貫く」といったのを耳にした曾子は、物事の道理や道筋がはっきりしていることを察し、その言葉が孔子の主義に合致しており、疑いを差し挟む余地などないと感じ入ったので、ただ一言、「唯《い》」（それしかない）とだけいったのだった。
他の門人たちも一緒に聞いていたが、孔子の言葉の意味が理解できなかったので、孔子が部屋を出ていくと、「今のは、どういう意味なのか」と曾子に尋ねた。「一貫」という言葉だけではわからないから、曾子は「忠恕《ちゅうじょ》而已《のみ》」とそのとき説明したのだが、あなたはその言葉の心がわかっていない。孔子は、それ以前に子貢に対しても「予《よ》は一《いっ》を以て之を貫く」と告げていたが、子貢はまだよく理解できていなかったから答えられなかった、と『論語』（衛霊公篇）は記している。それに対し、曾子は「道統《どうとう》」（儒学を伝える系統）について理解していたので、「忠と恕」という言葉を使って「至誠一貫の理」を説明したのである。

道統を会得した者は、自由な発想ができるので、「一貫とは忠恕のことだ」という説明を聞くだけでピンと来る。ピンと来るか来ないかは道統がわかっているかいないかによるのである。あなたは忠恕を説くけれど、「性善」の本質を知らないから、曾子のいう忠恕とは決定的に違っている。この際、忠恕のことに触れないでおくとしても、あれやこれや、辻褄《つじつま》が合わないことが多いはず。教師たる者は、この道理を説明しなければならない。しかし、あなたは「性理」に精通していないので、理解できていないと気づいたのである。

【問】　そこのところは、師たる者にもはっきりと解決されてはいないが、これは昔の聖人のことであって、今の学者にわかることではない。だから、「一貫とは忠恕のことだ」とだけいうにとどめ、それ以上のことには決して触れないようにすべきだ。

【答】今の学者にわかることではないとあなたはいうが、聖人の教えは古今を通じて不変だ。今と昔を区分するのは、仏法の「末世」という教えだ。混同してはいけない。そもそも孔子は、「適《てき》もなく、莫《ばく》もなし」（好き嫌いで判断しない）と説いている。顔回（孔子の高弟）は「前にいるかと思えば、いつの間にか、後ろにいる」（『論語』子罕《しかん》篇「前に在《あ》れば、忽焉《こつえん》として後《しりえ》に在り」）と師を評し、孟子は「道は、ただ一つ」（夫《そ》れ、道は一《いつ》のみ）といった。このような例は多いのだ。さて、あなたは、どのようにして対処しているのか。

※適もなく、莫もなし　『論語』里仁《りじん》篇に「子曰く、君子の天下に於けるや、適もなく、莫もなく、義と之《これ》と與《とも》に比す」（君子たるものが世の中を治めるときは、何が好きで何が嫌いかということにこだわってはいけない）。

【問】そのようなことは、深く検討して明らかにしていないので、即答できかねる。

【答】孔子、顔回、孟子の三つの言葉は、どれも自分自身の心のことだが、それを急には返答できないといって片づけてしまったら、どんなに読書量を増やしても何の役にも立たなくなる。『論語』という書物は、どのページも聖人の心を書いたものなので、その心を理解しなかったら、何を手本として修養し、人に教えられるというのか。

【問】 孟子の説く道は「五倫五常」以外にない。このことに何か疑問を感じているか。

【答】 「一のみ」（一而已《いつのみ》）という言葉の「一」を理解できない限り、あなたは道を知ることはできない。孔子（『論語』衛霊公篇）は、「道が人を大きくするのではない。人が道を大きくするのだ」（子曰く、人よく道を弘《ひろ》む。道、人を弘むるに非ざるなり。『論語』衛霊公篇）といっている。また、北宋の儒者張載《ちょうさい》は「心が本性を窮めるなら、人は道を大きくできる」（心よく性を盡《つく》せば、人よく道を弘む）と著書『正蒙《せいもう》』（誠明篇）に記し、朱子は、『論語集註』に「子曰く、人よく道を弘む、道人を弘むるに非ざるなり」の註として「人の外に道なく、道の外に人なし」（人外無道、道外無人）と書いた。

そういうことなので、人の心は広く大きくできる。悟る心は「本体」（主体）で、五倫はその「作用」（働き）である。初めに本体があって、作用が続く。作用とは、君臣・父子・夫婦・兄弟・朋友の交わりをいう。仁義礼智の道徳は、それら五倫を行おうとする心である。あなたは、その心がただ一つであるということを知らないのだ。

一陰一陽、これを道という

【問】 あなたのいうことも一理あるが、どの教えを学んでも同じことではないのか。私も今後は心の持ちようを工夫すべきだとは思うが、孟子の性善説という考えはますますもって理解しがたい。聖人は知仁勇の「三徳」すべてを身につけているから「善」といえる。だが、賢人になると、そうとはいいきれない。ましてや一般人はずっと劣る。それを同列視して「善」というのは、どういう見解なのか。

【答】孔子は『易経』の中で「これを道と謂《い》う。これを継ぐものは善なり。これを成すものは性なり」といっている。天地は一陰一陽で成り立っている。この陰陽以外に何もないのだ。

※一陰一陽　「一陰一陽之を道と謂ふ。之を継ぐ者は善なり、之を成す者は性なり」（あるときは陽、あるときは陰となって、際限なくその変化を繰り返しているもの。それを道と呼ぶ。その道を受け継いでいるのが人間の善である。その善が成就したのが性である）と『易経』（周易繫辞上伝《しゅうえきけいじ》）にある。『荘子』（天下篇）に「易は以て陰陽を道《い》う」とあるように、天地人の三才の道を陰と陽の変化で説明したのが『易経』で、「陰陽」が『易経』の中心概念である。

【問】五行（木・火・土・金・水）といえども陰陽であって、それ以外のものではない。

【答】それなら尋ねるが、その一陰一陽は、二つなのか、一つなのか。

【問】二つに分けるのは難しい。それなら一つかといえば、違う。動（陽）と静（陰）の二つである。

【答】そう、動と静の二つだ。動く方はどこから来て、静かになったらどこへ帰るのか。

【問】無極《ぶきょく》とか太極《たいきょく》とかいっているが、それは何のいわれもないものに、ただ名前をつけただけではないのか。明確には理解しがたい。

【答】いわれがないわけではない。太極というのは「天地人の本体」である。そこで、尋ねたい。あなたの鼻の息と口の息は、二つか一つか。

【問】これも区別しづらい。

【答】口と鼻でする息は、天地の陰陽の気と直接つながっている。陰陽の気を天地に吐き、天地からそれを吸うのだ。その吸うと吐くという動作を、しばらくの間、止めていられるだろうか。

【問】そんなことはできない相談だ。

【答】呼吸は天地の陰陽であって、あなたの息ではない。従って、あなたも天地の陰陽と一体化しないと、たちまち死んでしまうのだ。陰陽がなければ、あなたの命がないということは明白である。吸う息は陰で、吐く息は陽。『易経』（繫辞上篇）にいう「之を継ぐ者は善なり」ということである。人の体が動くのも、静かなのも、天地の陰陽の働きである。『易経』に書いてあることと、どこも違ってはいない。

孔子は、天地によって道の本体を解き明かした。孟子は、人によって道の本体を解き明かした。天と地が一つなら、道もまた一つである。『近思録《きんしろく》』（朱子・呂祖謙《ろそけん》の共著）に周敦《しゅうとん》頤《い》（周子）の『太極図説《たいきょくずせつ》』が引用されている。「五行は一陰陽から生じる。陰陽は一太極（宇宙の根源）から生じる。太極の本は無極《ぶきょく》である」（周子曰く、五行は一陰陽なり。陰陽は一太極なり。太極は本《もと》無極なり）

この無極を一つといったらいいのか、二つといったらいいのか。自分自身がよく理解しない限り、どうやって人に道を説くことができよう。酩酊《めいてい》して夢に見た話を説き、世間を惑わすようなことをして情けなくないのか。早く孔孟のいう「一」を知らないといけない。

孔子と孟子は、割符《わりふ》のような関係にある。孔子を是とするなら、孟子も是である。孟子の「性善説」をありがたがり、その糟《かす》を食べて肩入れするのではない。その説が自分の心に合致するからである。このように説明すると、とてもわかりやすいように聞こえるだろうが、それ以上、深いことを理解するのは難しい。理解できたら、生と死は一つになる。よって、孔子（『論語』里仁篇《りじんへん》）も、「朝、人としての道を悟ったなら、夕方に死んでしまったとしても悔いはない」（朝《あした》に道を聞いて夕《ゆうべ》に死すとも可《か》なり）といっているのだ。

だが世の中には、孔子や孟子が説く「性善」を誤解している人が多い。一例を挙げると、「人の本性が善なら、世の中は善人だらけで、悪人などいないはず。しかし現実には悪人もいっぱいいるから、嘘っぽい話だと疑っている人も多い。正しく理解できている者はとても少ない」というのが、それだ。目の前で起こる出来事を見て、「これは善、あれは悪」

と善悪を対立させて「善」と判断するから、聖人本来の主義主張を見失い、大きな過ちを犯してしまうのである。

本性は一つしかない

【問】その大きな過ちを生む理由を詳しく聞かせてもらえないか。

【答】では、「天地の道」で説明しよう。今ここに、一反（約千平方メートル）の田地が二つあると仮定しよう。百姓の労働力、肥やし、植える苗、田植えの時期といった諸条件は、すべて同じだ。ところが、収穫はというと、片方の田は米三石（約四五〇キログラム）、もう片方は一石五斗（約二二五キログラム）である。わずか一反でありながら、米一石五斗もの収穫差が生じるのは、その田に「悪心《あくしん》」とでも呼ぶべきものが存在すると説明すればよいのだろうか。

【問】いや、田には心がないから、悪心とはいえないのではないか。しかし、上田《じょうでん》、下《げ》田《でん》という違いはある。

【答】土に変わりはなく、同じ土を使っても上田と下田という違いが生じる。肥えた土地と痩せた土地があるが、土そのものの本質に違いがあるわけではない。このように土は同じでも、上田と下田がある。しかし、土に備わっている本質は変わらないのである。だからこそ、少しずつ肥やしを施し、土を加えるなどして下田を中田にし、中田を上田に変えるのだ。これを人に喩えると、下田は小人であり、中田は賢人であり、上田は聖人に該当する。聖人、賢人、小人という違いはあるが、生まれ持った「性善」という、人としての本性は同じであるから、学問に励めば、小人は賢人に、賢人は聖人になれる。これぞ、「本性は一つ」ということの証拠である。

そもそも聖人も賢人も小人も、今日という日を生きて活動しているのは、呼吸の二つのおかげである。この二つを継ぐものを会得し、見極めると、形がなく万物の本体となるものだとわかる。これを名づけて、聖人は「善」といったのだ。人の本性が善であることは、自分に都合のよい考え方では窺い知ることができない。孟子のいう「性善」は、前に話したように、悪に対する善ではない。間違えてはいけない。

生死を超越した天の道「性善説」

【問】 孟子の「性は善」（性善）と告子《こくし》の「性は善もなく不善もない」（性無善無不善）は同じではないのか。なぜなら、善も不善もないところというのは、がらんとして何もない「空寂《くうじゃく》たる世界」だ。孟子は、その空寂たる世界に名をつけ、「性善」と呼んだのだ。それに対し、告子は、ありのままに「善もなく不善もなし」といった。表現こそ違っているが、実はどちらも虚名（実体のない名前）である。それなのに、孟子が正しくて、告子《こくし》が正しくないというのは、なぜなのか。

【答】 あなたが腑《ふ》に落ちないと思うところは、まさにそこだ。まず初めにいいたいのは、告子が「善も不善もなし」といったのは、彼の考えに過ぎないということ。その理由は、自分自身の「本性」を追求してみても、善なのか不善なのか区別がつかないからだ。それで告子は、善も不善もないという結論に至ったのである。

一方、孟子の「性善」は、天地と直につながっている。そういえる理由は、人が寝入ってからも、意識することなく呼吸する息が続いているからである。その呼吸は自分の息ではない。天地の陰陽が出入りしているのであって、天地にみなぎる「浩然たる気」が形あるものを動かしているのだ。孟子は、自分と天地の間には「渾然一体となる道理」が一貫して存在するとして、「人の本性は善である」と説いたのである。その論理は自然で無理がなく、『易経』の記述とも合致している。だが、そのあたりの内容は、その前後ともどもわかりづらいところではある。熟考する必要がある。

『易経』は、天地の観点から説かれているので、書かれていることはすべて「無心」である。その無心の陰陽がひとたび動き、そしてまた静かになる。陰と陽の、この動静に続くもの、それが善だと孟子はいうのである。この絶妙な論理と告子の単なる思いつきとを同列に語ってよいわけがない。両者には大きな隔たりがあるのだ。

孟子の「性善説」は、生死を超越した天の道である。浮かんだり消えたりする告子の思索とどうして同一視できよう。だが、このことは、わかりやすいようで理解しづらい。考えてわかることではないのだ。『論語』（述而篇）に書かれている斉《せい》の国にいたときの孔子のように、揺るぎない信念をもって発奮し、三か月もの間、大好きな肉を遠ざけ、その味を忘れるほど寝食を忘れて学問に没頭したというエピソードを知るべきだ。

世の中には、書物を読んでいるのに「性善説」のことをよく知らない者が多い。知らずに読書する者を喩えていうなら、病人だ。熱が出た病人も食事はするが、おいしい味がわからない。だから、楽しくない。性善のことがわからない人にも同じことがいえる。書物を読んでも意味がわからない。それでいて、孟子の性善は正しくないと考えてしまう。孟子の説く性善は「天理」（天の道理）である。孔子が『易経』で説く性善もまた「天理」だ。もしも天地と人は別々だと思うなら、あなたの口と鼻をふさいでみることだ。天地の陰陽の恩恵を受けなくても生きられるなら、孟子は正しくない。死んでしまうなら、孟子は正しく、天地の性善と同じであることが決定的となる。このことが最も端的な証拠である。

迷うのは、天地の陰陽に続くもの（善のこと。『易経』の「一陰一陽これを道と謂う。これを継ぐものを善と謂う」）がわからないからだ。迷うから告子の説をもっともだと信じ込む。告子がいうように「人の本性に善と不善があるわけがない」といえば、人々がこぞって支持するだろうが、そこは少し離れて考えるべきだ。「善も不善もない」と思う当初は、孟子の性善とごくわずかな違いしかないが、到達点では「千里の誤り」にまで拡大している。

人は誰でも小さな天地

【答（続き）】聖人の道は、天地のみだ。天地は人の目に見えているように、清と濁があって、天は清らかで、地は濁っている。清らかな天も濁った地も、どこを見ても物を生み育むようには見えない。天にも地にも心はないが、万物が生き生きとしている様子は、今も昔も変わっていない。その生き生きとした命を継ぐものを「善」というのである。もっと詳しくいうなら、天は形がなく、心のようだ。地は形があって、物体のようだ。それらの生き生きとした様子は、まるで生き物のようである。しかし、心がないところは、死んでいる物のようである。天地は、その二つを兼備するからこそ、万物の主体になれるのだ。それを仮に名づけて「理」とか「本性」とか「善」としたのである。

しかし、自己流の考えに支配される者は、天地は活きている物と主張するのだが、それだと一面を知っているだけにすぎず、死活の二面を兼備した唯一の道理がわかったことにはならない。したがって、はなはだしい害を及ぼしたのだ。そのため孔子（『論語』為政篇）

は、「聖人の道と異なる学問をする者は、百害あって一利なし」（異端を攻《おさむ》むるは、斯《こ》れ害のみ）といったのだ。

天地を人になぞらえると、人の心は「果てしのない虚」であり、「天」に該当する。人の姿かたちは「閉ざされた実」であり、「地」に該当する。呼吸は陰陽。これを継ぐものは「善」。「作用」（働き）を司っている主体は「本性」。こういう考え方に立てば、人の体も一個の小さな天地だと気づくだろう。自分も一個の天地だとわかったら、それ以外に何が必要というのか。告子は、そのことに気づかなかった。

告子は、誕生と死滅に関与していると考え、それが自分の本性だと思ってしまったのだ。だが、思うことや考えること自体が本性とはなりえない。なぜなら、天理は「思慮」（考え）を超越した存在だからだ。この理屈がわからない者は、天理に合致しないから「異端」といわれるのだ。孟子の「渾然とした唯一の理（道理）で貫かれた本性に到達する」という説とは明らかに異なっている。

天の心は人の心、人の心は天の心

【問】 天と人とは一体だと説明されても、自分自身が天地と一致するということは納得できない。あなたはこの道理が本当にわかっているのか。自分でわかっていないことはいわないとは思うが、どうなのか。

【答】『書経』大誓《たいせい》（泰誓《たいせい》）篇に「天は民が見るように見、民が聞くように聞く」（天の視《み》ること我が民の視るに自《したが》う。天の聴くこと我が民の聴くに自う）とあり、『孟子』（萬章上篇）にも引用されている。つまり、天の心は人の心、人の心は天の心なのだ。このことは、古今を通じて共通する一つの真理である。ところで、あなたが今、話をしている相手は誰であるか。

【問】向き合って問答を交わしているのは、あなただ。

【答】私は、万物の一つにすぎない。万物は、天から生まれた子である。万物と向き合わずして、どうやって心を生じさせられるというのか。万物には心が宿っている。寒くなれば体を縮め、暑くなったら体を伸ばす。寒暑は、そのまま心とつながっているのだ。このことをよく考えるべきである。

【問】これまでの説明で、「天人一致《てんじんいっち》」と「性善」は話としてはわかったのだが、納得はできておらず、面白いと感じないのはなぜだろうか、

【答】いい質問だ。『徒然草』（第三十八段）の一節に「伝へて聞き、学んで知るは、真《まこと》の知にあらず」とある。あなたも今、私の話を聞いてわかったように思ったかもしれないが、真実を知るところまではまだいっていない。だから、味気なく感じるのだ。

人の本性を知りたいと思って修行する者は、その答えがなかなか得られないことに苦しみ、「これは一体⁉」「これは、どういうことだ⁉」と、日夜、思い悩み、朝に夕に苦しみ続けていると、忽然《こつぜん》とその答えが閃く。そのときのうれしさを喩えていうなら、亡くなった親が蘇ったようなうれしさにも劣らないだろう。

その昔、重い荷物を背負った木こりが一息入れようとして、杖を置いて休憩する様子を描いた絵は、「安楽の至極《しごく》」であるとして今に伝わっている。その絵を描いた画家は、いきなり視野が開けたことで、それまでの心の迷いや疑いが一気に晴れた喜びにまで思いが致らなかったに違いない。もしも私に「極上の楽しみ」を描いてほしいと要望する人がいるなら、私は迷わず「楽しみが急にパッと開け、うれしさのあまり、思わず小躍りしてしまう様子」を描くだろう。このことは、『大学』（伝五章）がいうところの「いきなり悟りを開くと、万物の表も裏も、細密な個所も大まかな個所も、すべて見通すことができる」（豁然《かつぜん》として貫通するときは、則ち衆物《しゅうぶつ》の表裏精粗《せいそ》、到らざるなし）である。

概して、こういうことは、自分が心を尽くせば尽くすほど、うれしさの感じ方も違ってくるものなのだ。何年にもわたって長いこと「何だろう」「どういうことか」と思い続けてきた疑問が、突然パッと解けることがある。一か月や二か月くらい疑問に思っていて、その答えが彷彿として閃くということもあるが、その場合の喜びは少ない。喜びが少ないと、勇気も出ない。一方、確固たる信念で学びの道に入った場合は、たとえ貧乏をし、町の辻に立って物乞いをしなければならないような境遇になったとしても、その閃きを得たときの感動を世の人々に伝え、残そうとする強い勇気が出るものだ。

私自身について言及すれば、文学の力量のなさを恥じることなく、このように言い散らかしているのは、まことにもって浅学の田舎者というべきだが、それでもいうのは、わが志を述べたいという一言につきる。

「性理」とは何か

【問】さて、「性理」についてだが、性理は最も重要なテーマだと思っている。だが、理解するのは難しい。孟子とは考え方に雲泥の開きがある告子が間違っているということを理解すれば、孟子が正しいとわかるのだろうか。

【答】孟子の「性善説」が理解できたら、白昼、白と黒を見分けるようなものだ。性善を知ったら、定規を使って曲がっているところをまっすぐに正せるようなもの。孟子（『孟子』尽心上篇）が説く性善とは、「心を尽くして人としての本性を知り、本性を知るときは天を知ることであり、天を知ることを学問の始めとする」（その心を尽くす者は、その性を知るべし。その性を知らば、即ち天を知らん。その心を存し、その性を養うは、天に事《つか》うる所以《ゆえん》なり。）

ということだ。天を知れば、物事の道理はおのずと明白になる。その様子は、個人的な見方ではなく、誰にもいえる一般的な見方であり、いってみれば、太陽や月があまねく照らしているような感じである。

告子がいったことは、生まれながら身に備わっているはずの「本性」を見失い、「私知《しち》」(普遍性を欠く個人的な知識)の範囲内で考えてしまったからだが、それは白昼に太陽の光を利用しないで、わざわざ戸を閉ざした暗い室内で灯火をともすようなもの。孟子と告子とでは、照らす光の範囲にそれくらいの違いがある。どう考えても雲泥の差というしかない。

天地の力は明々白々だ。どうして他の力を頼る必要があろう。他の力を用いることなく、道が自然に行われているから、その道は安楽(心身の苦痛がなく、ゆったりと安心して楽に暮らせる状態)であり、しかも道の道理も明白ということができる。だから人間は、『詩経』(泰誓篇)にもあるように「天地が生んだ万物の霊長」(惟《こ》れ天地は万物の母、惟れ人は万物の霊)になれるのだが、告子はそのことがわかっていない。ただ道理に暗く、「私知」的な体験を通じて見知ったことを基準にして苦しみ悩むのが、告子の説である。

それに対し、孟子は「性理」に精通しているので、義を積み重ね、大地にみなぎり、万物の生命力や活力の源となる「浩然《こうぜん》の気」を養って、この上もなく大きく、この上もなく強い「至大至剛《しだいしごう》」(限りなく大きく、限りなく剛《つよ》い)と呼ばれる徳を身につける境地にまで到達できたのだ。

※至大至剛　吉田松陰は「至大とは浩然の気の形状」と『講孟余話』（講孟劄記《さっき》）で説明し、このくだりは詳しく知っておく必要があると説いている。

夜明け前の「平旦清明の気」

【答（続き）】　だが告子は、この道理を知らず、自分の体験した知識だけを拠りどころとして、「おそらく、こうであろう」と安易に考えて孟子に質問し、返ってきた答えに納得できず、手を変え、品を変えて質問し続けた結果、主義主張がたびたび変わってしまったのである。

自分の信念でこうと決めたことは、言を左右しないものだが、告子は「他人の言葉に納得できないことがあっても、心の中で無理に理解しようとしてはならない」（言《げん》に得ざれば、心に求むることなかれ）といったと『孟子』（公孫丑上篇《こうそんちゅうじょうへん》）は記している。朱子は「言葉で表現できないことがあったら、その言葉を使ってはいけない」（言《げん》に於《おい》て言《い》はれざる所あらば、その言を舍《す》て置くべし）と『孟子集註』で述べている。「その道理を心に求めるのはよくない」（その理を心に反《かえ》し求めず）と朱子はいうが、心に答えを求めるのを避け続けたら、いつ悟れるのか。今日のたった一つの事柄でさえ、あれこれと気をめぐらせて理解しようとするではないか。このことは、前述した『孟子』（告子上篇）の冒頭に登場する「性（本性）を湍水《たんすい》に喩えた話」からも明確に伝わってくるはずである。

それに対し、告子が考えたのは「心にはさまざまな思いが生じるが、本性は湍水の流れであって、淵のところで水がぐるぐると渦巻くようなもの」という説だったが、そうなったのは、「天が寒暑、雲霧、風雨などを生じ、夜明け前の清く澄んだ気から徳の心である仁義礼智を生じさせる」ということを知らないからだった。あれこれと複雑にして深く掘り下げて考えてしまうから、ほんの紙一重ほどの違いしかないにもかかわらず、天と地の隔たりのような大きな食い違いを生じてしまったのである。

わかりやすい喩えでいうなら、犬が自分の尾にかじりつこうとして体をぐるぐる回せば、尾も回るので食いつくことができない。告子もそれと同じで、いろいろと思索しすぎて「性善」にたどり着けなかったのである。惜しくもあり、情けなくもある。

一方、孟子は、「知力」に頼らず、「道義」に徹したから「平旦清明の気」（夜明け前の清らかに澄んだ気）を養うことができたのである。

しかし、浩然の気や平旦清明《へいたんせいめい》の気は、各人が自分で体得するものであって、「言葉として形容するのは難しい」（曰く、言い難し）と孟子（『孟子』公孫丑上篇）はいっている。程子は、「この一言から、孟子がそれらの気を体得していたことがわかる」（この一言を知れば、則ち孟子の実に是の気に有りつることを知るべし）といっている。程子のこの言葉から、程子自身も浩然の気を養っていたことは明白だ。理解力がある人なら、このことがわかるはずだ。「性善」を会得すると、気が清らかに澄んで「仁義の良心（徳）」というものが生まれる。いつも仁義の良心を持っていれば、人との関係でそれ以上好ましいものはないだろう。

「性善説」は難しい理論なのか

【問】　性善がわかれば最高だとは思うが、われわれのような人間は、どんなに話を聞いても、本質が理解できるとは思えない。孟子のような才能があればいいのだが――。後世の者には、所詮、及びがたい。世界にいる数億万人のうち、わずか二、三十人いるかいないか。いや、たとえ九十人、百人いたとしても、いってみれば、わずかな数だ。ただ、わかりやすく説明しながら暮らしていくのがよいのではないか。講義する相手が僧侶なら、死んだら極楽往生できるといって喜ばせ、儒者が相手なら、死者の魂は天へと浮遊したり地へ降霊したりするといえば、素晴らしい説だと感心される。たとえ悟りを得たところで、同じ天地を見て暮らしているのだから、苦しんでも得るところなど何もないではないか。

【答】　あなたも何か得るところがあると思えばこそ、苦しんでいるのではないか。学ばないと、教養のない田舎者と蔑《さげす》まれてしまう。そう呼ばれるのを恥と思い嫌うから学ぶのだ。学問で最も大事なことは、聖賢を目指そうとする「志」である。性善を知るのが聖賢に至る門だ。その門戸が存在しなかったら、どうやって聖人の道へ入っていけというのか。「堯舜が目指した道は、孝悌《こうてい》そのものだ」（堯舜の道は孝悌のみ）と『孟子』（告子下篇）は記している。どんなに苦しくても、孝悌の道を心がければ役に立つはずだ。孝悌をないがしろにしたら禽獣と同じになる。心が禽獣と成り果てて不孝や不悌《ふてい》に走り、親子間や兄弟間に心の隔たりが生じることほど悲しい出来事が、この世にあっていいわけがない。だから、『孝経《こうきょう》』（孝平章第七）も、「上は天子から下は庶民に至るまで、孝行しなければ厄災に見舞われることになる」（子曰く、天子より以下、庶人《しょじん》に至るまで、孝終始なくして患《うれ》い及ばざる者は未だ之《こ》れあらず）とし、「五刑と呼ぶ刑罰の種類は三千もあり、最も重い罪は不孝だ（罪の不孝より大いなるは莫《な》し）」とまで書いているのだ。

このように、刑の重い罪人となって人倫の道を破っても、平然として恐れず、孝悌などするだけ損と思っても、死んでしまえば、君子であろうが庶民であろうが、その身は天地へ散ってしまうわけだが、それをあなたは対等な扱いと考えるかどうか。

※**五刑**　額に入れ墨をする「墨《ぼく》」、鼻を削ぐ「劓《ぎ》」、足を切る「剕《ひ》」不倫した男の局部を斬り、女は家に幽閉する「宮《きゅう》」、死刑の「大辟《たいへき》」。

死を前にして人は何を求めるか

【問】人倫の道をどうして捨てられよう。それに、死んだら天地に灰がばらまかれると決まっているわけではない。かといって、地獄か極楽へ行くはずだとも私は思っていない。仏教の「三世」（前世・現世・来世）もきっとないだろうと考えている。そう思うのは私だけではない。考えが定まらない人が、世間には大勢いるはずだ。

こんな話がある。あるところに儒者一筋で仏法の悪口をいい、かつては友人に誘われて神社仏閣へ足を運んでも、決して参拝することはなかった人が、あるとき重病を患い、命が危ぶまれた瀬戸際に、縁者で日頃から顔見知りの僧侶に床の中から手を合わせ、涙を流しながら死後のことを繰り返し託したという。誰でも最期のときを迎えると、どうにも不安になって、いうことが、元気だった頃に血気にまかせていっていたこととガラッと変わってしまうものなのだろうか。そのあたりのことは私にもさっぱり見当がつかないのだが、僧侶に聞くのもしゃくだし、きちんと悟った僧侶も私の周辺には見当たらなかった。

そんなある日のこと、田舎の禅僧とばったり出会ったので、これ幸いと「仏教では、生死に関わる一大事について説明すると聞いているが、どうなのでしょう。今宵、心静かにお話し願えないだろうか」と話すと、その禅僧は、急に法具の払子《ほっす》を立てて威厳を正したのだが、それが何を意味するのか私にはさっぱりわからず、しばらく別の話をし、その後で「さきほど申し上げた生死のことを、今度わかりやすく教えていただきたい」と促すと、「濃い茶を飲んだから、今晩は寝苦しかろう」と見当違いなことをいうので、聞こえなかったのかと思い、「さきほどの生死についての話を、もう一度、教えていただけないか」と繰り返すと、その禅僧は「拍子木《ひょうしぎ》が四つ鳴った。午後十時だ」と大きな声でいい、「あなたは学があるようだが、気の毒に耳が聞こえないとみえる」と話したのだ。

そのようなやり取りだったので、質問しても意味がわからず、尋ねないとなおわからない。どうすれば私の疑問がきれいに氷解し、死に臨んでも泣かないようにできるだろうか。

【答】その禅僧が最初に払子を立てて見せたことの意味は、本来なら「目が見えない」というべきところを、あなたがわからなかったから、「耳が聞こえない」と言い換えたのであって、それはあなたに対する愛から出た教えだ。

『論語』（述而篇）にある孔子の教えが参考になろう。孔子は弟子たちに、たった一言、「私が隠しごとをしたと思うか。おまえたちに隠さねばならないことなど何もない」（我をもって隠せりと為すか。吾、爾《なんじ》に隠すこと無し）といっただけだった。また孔子（『論語』先進篇）は、弟子の季路《きろ》から死について問われ、「生きるということすらまだわかっていない私に、死のことがわかるはずがない」（未だ生を知らず。焉《いずく》んぞ死を知らん）と答えている。

今現在の自分自身のことがわかれば、死の道はおのずと眼前に見えてくるものだ。どうしてその答えを他に求めようとするのか。今いったように、生死のことは『論語』に明確に書かれている。そうしたことを余すところなく教えるのが、真の儒者である。であるから、あなたも、弟子に対して隠し立てすることなく何もかも教えてくれる先生について学び、生と死にかかわる疑問を一日も早く晴らすことだ。

あなたは、身近なことを知らず、聖賢の教えに背いてしまった。そのことで苦しみながらも、そうする方が暮らし向きに都合がよいと思うことで自分の心を欺き、「自分こそ、孔子の弟子で真の学者だ」と自負しているようだが、どういう料簡なのか。

儒者とは「人の身を濡《うるお》す者」

【問】　古歌（『後撰《ごせん》集』恋三　七二五　詠み人知らず）にある「心の問わば、いかが答へん」（「なき名ぞと　人には言ひて　ありぬべし　心の問わば　いかが答へん」（身に覚えのない噂だと人にはいえても、私自身の心への問いかけにはどう答えたらよいのやら）という歌のように、自分の心に問いかけるのはたやすいことではない。

私なども、人から暮らし向きを尋ねられて、「儒者などという者は、俸禄や世渡りのことが頭から抜け落ちがちだ。元来、天から来て天へ帰るのだ」などと、きれいごとをいって取り繕ってはみても、本心はそれほど潔白ではない。実際のところは「臭いものに蓋」のような状態だから、いつも不安に苛《さいな》まれている。だが、どうすることもできずにいるのが現状だ。

こういった事情は、何も儒者に限ったことではなく、僧侶も、前に話したような状況から考えて世間並みだと私は思う。もっとも、僧侶がいっぱいいるのに対し、儒者は数が少ないから、ますますもって悟った者の数は限られてくるのではないか。

【答】いや、私はそうは思わない。僧侶は少ないが、儒者は数が多いはずだ。私のいう儒者は学者のことだが、「儒」は「濡《じゅ》」で、「身を濡《うるお》す」という意味であって、自分自身が満足していれば「儒者」といってよいのだ。『孟子』(告子上篇)は、「人は、誰でも自分の心の中に貴いものを持っている」(人々己《おのれ》に貴《たっと》き者あり)としている。そういう心だけで満足し、身を濡しているのが儒者である。どんなに出家の数が多いといっても、俗人(一般の人)の十分の一にも届いていない。人数が少ないから、悟りの道に到達する人もまれなのである。むしろ、俗人は数万人もいるので、身を濡す人も多いはずだ。

良心に恥じない生き方ができるか

【問】では、修行の功徳《くどく》を積み、心を尽くして、正しい道であると確信を得たら、どのような素晴らしいことが待っているというのか。

【答】 孟子（『孟子』公孫丑上篇）曰く、「私は、四十歳を過ぎてからは心を動かさなくなった」（我四十にして心を動かさず）と。天下国家のことに関与して恐れたり疑念を抱いたりすることなく、自分の身を修めることを「勝れている」という。

しかし、世の中には、道を教えるために弟子を取りながら、教え方も知らず、それどころか弟子から教わっているような、あべこべの者もいる始末だ。これなど、女房を養えず、かえって女房に養われているようなもの。心を知らずに教えていると、このような逆の状態に陥ってしまうのである。『大学』に書いてあるように「大人の学問のやり方は、人が天から得た徳を明らかにするのが根本で、民に親しむのは枝葉である」（大学の道は、明徳を明らかにするを本《もと》と為し、新たにするを末と為す）。

学者たる者が最優先課題にしなければならないのは、心を知ることだ。心を知れば、身を慎むようになる。自分の体に配慮したふるまいは礼に適っている。だから、心も穏やかになる。心が穏やかであることは仁だ。仁は、天の元気の一つである。天の元気は万物を生み、育《はぐく》む。その心を理解するのが学問の始めであり、終わりでもあるのだ。

人が呼吸をして生きている限り、心を尽くして本性を養うことを自分の責務としなければならない。多少なりとも、仁愛を行い、正義に背かないように生きていけば、心は安楽になる。自分自身の心が安楽になること以外に、教えの道はないのである。本当は納得していないのに、納得しているかのような顔つきをしたとしても、心のどこかに「偽装だ」と受け付けない思いがあるからこそ、人は苦しむのだ。

その心の苦しみは、あなたがさきほどいった古歌に似た次の歌に詠まれた心境に通じる。「いつはりも　人にいひては　やみまなし　心の問わば　いかが答へん」（嘘いつわりを人に咎《とが》められたら、いかようにも弁解できるが、自分の心が咎めだてたら、何と答えようか。人の心は欺けても、自分の心は欺くことはできないのだ）

『論語』（顔淵篇）にも、「孔子はいった。振り返ってみて、良心に恥じるようなことがないなら、何も心配することはないし、何も恐れることはない」（子曰く、君子は憂えず懼《おそ》れず。内に省《かえり》みて疚《やま》しからずんば、夫《そ》れ何をか憂え、何をか懼《おそ》れん）とある。私がいいたいことは、これ以外にない。日々、心配することも恐れることもなく、内省してみても少しも疚《やま》しいことなどなく、心が平穏で安楽なら、それにまさるものなどないのではないか。

※『大学』（首章）石田梅岩は、「三綱領《こうりょう》」（明明徳《めいめいとく》、親民《しんみん》、止至善《ししぜん》）と呼ぶ「大学の道は明徳を明らかにするに在《あ》り、民に親《あらた》にするに在り、至善《しぜん》に止まるに在り」と別の文「物に本末あり。事に終始あり。先後する所を知らば、則ち道に近し」を一緒にしている。また、「親」を「新」と表記している。

凡人は聖人を理解できるか

【問】　確かに聖人は生まれながらに知っている。しかし、それを聖人ではないあなたが窺い知ろうとすることは無理だ。なのに、「聖知《せいち》」（聖人の知識）だの「私知《しち》」（凡人の知識）だのと簡単に判断するのは、どういう根拠に基づくのか。

【答】　あなただって、物事の白黒は簡単にわかるはずだ。「聖知」と「私知」の違いもそれと似たようなものだ。たとえば、禹が治水事業を行うときには、ものすごい距離を踏破した実体験から得た客観的な視点で、「あっちは高い、こっちは低い」という具合に地理を知り尽くしていただけの話で、何も特別なことではない。一方、私知には個々人の主観的な考えが加わっているので、自然の知識とはいえず、その点が聖知と異なっている。

聖知についてもっと身近な例で知ろうと思うなら、朱子の『論語集註』（公冶長篇《こうやちょう》）に引用されている程子の次の説明例がよかろう。

「程子がいうには、今は馬を馬具の轡《くつわ》と手綱（韁《たづな》）で御しているが、牛はそうしていない。馬がいるから轡と手綱が生まれたのだ。馬具を人が作っていることは誰でも知っているが、馬がいるから轡と手綱が生まれたということには案外気づかない。聖人が人を感化するのも、これと同じだ」（程子曰く、今夫《そ》れ羈靮《きてき》（手綱）を以て馬を御して、以て牛を制せず。人皆羈靮

の制に在《あ》ることを知って、羈靮の生の馬に由《よ》ることを知らず。聖人の化、また猶《なお》かくのごとし）

つまり、聖人は、馬を見た後に轡を作って馬にはませて使ったが、そのことを母の胎内にいるときに知って誕生してきたわけではない。聖人は、視る対象を心とみなすのである。そこが「聖知」の優れたところなのだ。対象物を歪めて視《み》たり曲げてみたりしないから、その心は明鏡止水（一点の曇りもない鏡と波ひとつ立てない静かな水面）のようである。

人たる者は、元来、誰の心も変わらないはずなのだが、そこに宿る「七情」（『礼記』では喜・怒・哀・懼《く》・愛・悪《お》・欲、仏教では喜・怒・哀・楽・愛・悪・欲）と呼ぶ七つの感情に左右されて、聖知を別のもので代替できるかのように錯覚し、判断力が鈍化して、さまざまな疑念が湧くのである。

そもそも、形があるものは、形そのままを心とみなすべきなのだ。たとえば、人は寝ている間に体を掻くなどして、無意識のうちに寝相を変えている。これは、形そのものに「心」が表れたのである。別の喩えでいうと、蚊の幼虫である孑孒《ぼうふら》は水中では人を刺すことはないが、蚊に成長すれば、たちまち人を刺す。これも形に心が表れたのである。

鳥類や家畜にも、心があると思って見るとよい。蛙《かえる》は、自然に蛇を恐れる。親蛙が子蛙に「蛇はおまえを襲って食べてしまう恐ろしい生き物だ」と教え、子蛙もそれを学び覚えるといったように、次の世代へと伝えてきたであろうか。蛙の形に生まれてくれば、蛇を恐れるのは、形がそのまま心を映しているからなのだ。

もっと身近な例が知りたければ、蚤《のみ》がよかろう。蚤は夏になると、決まって人の体にくっついてくる。この場合も、蚤の親が「人の血を吸って生きていけ」と教えただろうか。人の手が伸びてきたと察知すれば、素早く跳んで逃げる。「跳ばないと命を落とす」と親が教えたろうか。跳んで逃げることは、習ったわけではなく、すべて、その形がさせているのである。

孟子（『孟子』尽心上篇）は、こういっている。「顔立ちは天から授かったものだ。ただし、聖人の場合は、そこに備わっている本来の能力を発揮して人としての道を尽くすことができる」（孟子曰く、形色《けいしょく》は天性なり。ただ聖人にして然《しか》して後、以て形を踐《ふ》（践）むべし）と。形を践《ふ》むとは、五倫の道を正しく実践することをいう。形を践むことができないのは、小人（つまらない人間）である。畜類や鳥類には「私心」（独りよがり）がないから、かえって形を践むことになる。これが自然の道理というものなのだ。聖人だけが、このことを知っている。

『日本書紀』に、こんな記述が見える。

「大己貴命《おおあなむちのみこと》（大国主命《おおくにぬしのみこと》）は、少彦名命《すくなひこなのみこと》と力を合わせ、心を一つにして政治を行った。素晴らしい民や獣たちのために、病気の治療法を定めた。また、鳥獣とか昆虫による被害を防ぐために、まじないによる方法を定めた。人々は、今日に至るまで、その恩恵を受けている」（夫《そ》の大己貴命《おおあなむちのみこと》、少彦名命《すくなひこなのみこと》と力を戮《あわ》せ心を一つにして天下《あめのした》を経営《つく》る。復《ま》た顯見《うつくしき》蒼生《あをひとくさ》及び畜産《けもの》の為《た》めに、則ち其《そ》の病を療《をさ》むる方《のり》を定む。又鳥、獣《けだもの》、昆虫《はふむし》の災異《わざはひ》を攘《はら》はむ為《ため》には、則ち其の禁厭之法《まじなひやむるののり》を定む、是《これ》を以て百姓《おほむたから》今に至るまで咸《ことごとく》恩頼《みたまふえ》を蒙《かう》むれり）

生きるためのルールを理解せよ

【答（続き）】 どの国でも道は同じで、中国でも「伏羲《ふっき》は、いけにえとして神に供える鳥獣をうまく飼い慣らした」（伏羲、能《よ》く犠牲《いけにえ》を馴伏《くんぷく》す）と『史記』（三皇本記）に書かれている。まず何といっても、人と獣は種類が違うので、鳥も獣も人を恐れ、近づいてくることはないのだが、聖なる神々には私心がないので、鳥や獣が人を恐れる様子を見て、その心に寄り添ったのである。だから、向き合う動物に対し、自分の心と変わらないとみなし、「牛はこれを好む、羊はあれを好む、豚はこれを好む。これは強い。あれは弱い。これは荒々しい、あれは静かだ」と、それらの動物が気質として備えている本性をよく理解したうえで、人に飼育される方向へと多くの獣を導き、馴れ従わせることができたのだ。

　そしてその後、死者の霊魂や天地の神霊に対してそれらの肉を供えたり、老人の体を養ったりすることを教えた。つまり、この天地に生を受けた生物にいえるのは、「弱い者が強い者におのずと従うという構図は、すべて天が定めた道」ということだ。

人は、古代の聖なる神々の遺徳に従って、無益な殺生は行わず、道理を尽くし、祭礼とか賓客の接待とか老人の養生などに供するような、やむを得ない場合に限って獣を殺して食用としたのであり、それ以外の無用なときには虫一匹殺さなかったのである。

また聖なる神々は、いっぱいある植物の中から五穀が食用に最適だということを見抜き、「麦は夏できるものなので、いつ植えたら実りが豊かになり、稲はいつ頃種を蒔いたらいいのか」という知識を教えたほか、「大豆《だいず》、小豆《あずき》、小角豆《ささげ》は、いつ頃がいい」と、それぞれの時候を考えて五穀を植えるように指導した。それから、たくさん種類がある草木についても、人が食べて栄養を摂取できるものも広く知らせた。さらに、土壌の違いを見分け、「その土にはこれ、この土にはそれが適している」と田畑の植える場所も知っていて教えたので、民が飢えることがない世の中となったのであろう。

それらのことは皆、日本では大己貴命《おおあなむちのみこと》、少彦名命《すくなひこなのみこと》の功であり、中国では伏羲《ふっき》、神農《しんのう》、黄帝《こうてい》の仁徳のおかげなのだ。天は、万物を生み、生まれ出たものをみずから養い育てる。

『日本書紀』は、「保食神《うけもちのかみ》（食べ物の神）が首を回して国の方を向くと、ヒレの幅が広い魚や狭い魚が口から生まれ出た。また山の方を向くと、毛並みが荒い獣や柔らかい獣が口から生まれ出た」（保食神すなわち首を廻《めぐら》して國に嚮《むか》いしかば、則ち鰭《はた》の廣《ひろもの》、鰭の狭《さもの》、口より出《い》ず。また山に嚮いしかば、則ち毛の麁《あらもの》、毛の柔《にこもの》、口より出ず）と記している。

保食神の口とは、どのような口かと考えてみることだ。天神地祇《てんじんちぎ》は、このように自由自在な神である。自由自在なその口から生じるから、生じる物もまた自由自在なのだ。たとえば蟬は、口から鳴き声を出すのではなく、脇の下のあたりから鳴き声を出しているといわれている。口もあるはずだが、どこにあるのか見分けづらい。また、春や夏に空を飛ぶ小さな虫などを見ると、何を食べているのか見当がつかないが、飢えることもなく、空に生き、空で死んでいるようである。どこで生まれているのか、よくわからないものが多い。保食神の口については、それらから推察するとよい。

そのようなことから、今日の人々が生きていくには、決まりが必要だということがわかる。しかし、多くの人々はそういうことに無頓着。だからこそ、聖なる神々は、万物の行跡《ぎょうせき》から判断して教えたのだ。その教えは天とつながっているから、昔も今も変わらない。天は万物をこの世に生み与え、その心を聖なる神々を通じて民に知らしめたのである。

一方、聖人は、天のように万物を創りだすことはできない。天の力が及ばないところを教え、世の中を救う聖人がいないと、天の徳は現れない。天の徳がなくては、聖人も功を立てようがない。たとえば、もしも日本武尊《やまとたけるのみこと》の武勇がなかったら、「天叢雲剣《あめのむらくものつるぎ》」が「草薙剣《くさなぎのつるぎ》」という異名で呼ばれることもなかったろう。「宝徳《ほうとく》」と呼ばれるものも皆、持つ人次第である。聖人がいなくても天の道がなくなることはないが、天の徳が世に現れ、行われることはない。だから、世間の人は、徳とは何かをよく知るために目を大きく見開く必要がある。天の道を知って、それを世に教え広めることを「聖知」といっている。

儒教と仏教はどこがどう違うのか

【問】　儒者が仏法を異端視し、忌み嫌うのは、どういう思想的な違いに基づくのであろうか。

【答】　異端とは、「端《はし》を異《こと》にする」という意味だ。儒教では、仁義礼智信の「五常」と君臣・親子・夫婦・兄弟・朋友の「五倫」とも天の道とし、これを「天人一致《てんじんいっち》」といっている。一方、仏教は五常五倫の道を立てない。この点、儒教とは教義が異なる。よって、異端というのだ。たとえ儒者であって儒教の経典を説いたとしても、自分自身の心がわからなければ、聖人の心に通じることはできない。独善的な考え方で教えたら、その私心は異端そのものだ。しかし、見かけは聖人の弟子のように映るので、とりたてて異端とはいわない。ただし、異端といわないまでも、異端に近い存在ではある。けれど、いつか心を知るときがくれば、私どもの儒教と同じになる。

儒教と仏教、この二つの道を枝葉末節的な点まで論じようとすると、事柄が多岐にわたってますます理解しづらくなる。どちらも「根本の要諦」としているのは、「性理」を会得することであり、共通しているのだ。

最初に仏教について話すと、天台宗は「止観《しかん》」（精神を統一して心を静寂に保ち、対象をありのままに観察する瞑想法）を「性理」としている。真言宗は「阿字本不生《あじほんぷしょう》」（万物の本源は不生《しょう》不滅の永遠なる存在であるということを「阿」の字が象徴しているとする瞑想法）。禅宗は「本来面目《ほんらいめんもく》」（自分の本来の姿）。念仏宗は「入我我入機法一体《にゅうががにゅうきほういったい》」（仏の心が我が心に入り、我が心が仏の心に入ることで、信心と阿弥陀仏が一体になるという教え）など。日蓮宗は「妙法」（霊妙不可思議な仏法）といっている。

このように、名称は違っているが、どの宗派も修行に励んで目指すところは一つである。一例を挙げると、「寿量無辺経《じゅりょうむへんきょう》」の「仏が文殊にいった。無心で無念の仏の本性は不可思議で、生成もなく、三身《さんしん》（法身・報身・応身）の性ではなく、十界の性でもない」（仏、文殊《もんじゅ》に告げて言《いわ》く、無心無念の本仏は、不思議を以て体と為す、本《もと》去来なし、三身の性なし、十界の性なし）である。だが、これは、有《ゆう》に対する無ではない。これを法性《ほっしょう》（真理）というのである。つまり、その法性を悟る以外に道はない。悟りを得れば、生死の迷いから離脱できる。生死の迷いを脱しないと、宗派の法燈《ほうとう》（仏の教え）の指導者になることはできない。

そもそも、「性理」も極致に達すると、「天上は、声もなければ、臭いもしないところだ」（上天《じょうてん》の載《こと》は声もなく臭《か》もなし）と『中庸』は記している。

これは、『易経』（説卦伝《せっかでん》）が「道理を窮め、本性を尽くして天命に到達する」（理を究《きわ》め、性を盡《つ》くして命《めい》に至る）と説明しているところで、それが聖人の心なのである。だが、そのようなことは漠然としており、主体となるものがないように普通の人には映る。ただし、聖人は道理を窮めるので、義の心を備えて存在するのである。このことを喩えていうと、雪の中で梅の香をかぐようなもの。姿かたちは見えないが、確かなことなのである。

そういうわけで、聖人の心は天道に到達し、天地が消失しない限り、そこにとどまっている。「聖人が没しても、心だけ残るのはなぜか」と疑問に感じるかもしれないが、それは、聖人が生きてこの世にいるときから、心はすでに天の道にあるからなのだ。『詩経』（大雅文王篇《だいがぶんのうへん》）に「文王は上にいて、その存在は天で光り輝いている」（文王、上に在《いま》して天に昭《あき》らかなり）という表現がある。その心が理解できるなら、徳行《とくこう》（徳のある行い）という点に至らないところがあっても、儒者と呼んで差し支えないのだが、その心もわからない者は聖人の弟子というべきではない。

おおまかにいって、儒教と仏教は、道理に関しては考え方が近く、区別しがたい。実際の行いについては、見てのとおり、雲泥の違いがある。出家して僧侶になった者は五戒（殺生・偸盗・邪淫・妄語・禁酒の戒め）を守り、俗人は五倫の道を心がける。このことは紛れもない事実である。ただ、俗人が僧侶の真似をするのは無駄というもの。朱子は『孟子集註』（離婁章句上篇）の冒頭で、孟子の述べた「仁心仁聞《じんしんじんぶん》」（仁愛の心があり仁者であるとの評判）のくだりの註として、中国の南北朝時代の梁《りょう》の初代皇帝武帝（四六四〜五四九年）の例を以下のように記している。

「梁《りょう》の武帝は、一日に一度は菜食とし、先祖を祭る宗廟には麺類を供え、動物は供えなかった。死刑が執行されると、その者のために涙を流した。その話を聞いた人々は、武帝の仁愛の心を知った。（中略）だが、武帝の治世末期には、江南の地で大乱が起きた」（終日《ひねもす》、一《ひと》たび蔬素《そそ》を食らい、宗廟《そうびょう》に麪《めん》を以て犠牲を為《つく》る。死刑を断ずるに必ず之《これ》の為に涕泣《ていきゅう》す。天下其《そ》の慈仁を知る。仁聞《じんぶん》有りと謂《い》う可《べ》し。〈中略〉武帝の末、江南《こうなん》大いに乱る）

※仁心仁聞　大乱（侯景《こうけい》の乱）の原因を朱子は「仁心仁聞があっても、先王の道が行われなかったからだ」（仁心仁聞有りて先王の道を行わざる故なり）とし、病床にあった武帝は死ぬ。

宗教は使い方を誤ると害がある

【答（続き）】異仏の心を悟らず、仏の法にのみこだわるのは、差し障りがある。その害を喩えていうと、飢えた人に食料ではなく金を与えるようなもの。その時点では「天下第一の宝をもらった」と喜ぶものの、黄金を抱えたまま死んでいく。これに対し、聖人の教えは、飢えた人に一飯《いっぱん》（一食）与えるのと似た効果がある。一飯は黄金を得た喜びに比べると劣るが、その一飯で命をつなぐことに勝るものはない。武帝のように死罪となった者を見て泣く君主がいると、民は、その慈悲深い心を知って黄金を得たかのように喜ぶが、その政道がやがて正しく行われなくなって、江南の地で反乱が起こったという状況は、黄金を抱えて飢死するのと同じなのである。そういうやり方には害があるということだ。

その点、聖人が天下を治める場合は、まず「敬《けい》」の徳を主として「孝悌忠信」の四つの徳を行い、そうすることの大切さを教えとするので、一見、ただ単に一飯を与えただけのようにも思えるが、天下の民がことごとく「孝悌の道」を実践するようになるので、その影響が及ぶ範囲は広大で、得るところも大である。事例で説明すると、仏門に身を置く者は、罪があるからといって死刑に処すようなことはしない。罪咎《とが》がある者であっても、「弟子にするのでもらい受けたい」と上の人間にかけあうのが僧侶というもの。慈悲の心だけあって聖人としての法がない状態で政道を行えば、かえって世の中は乱れるだろう。武帝のような君主がいれば、〝異端〟と譏《そし》られるのも、もっともなことである。

【問】私は、儒教を修学する志を立てている身であり、自分のためにあなたに疑問をぶつけているのではない。だが、世の中を見渡してみると、身分の高いものから低い者まで、おびただしい数の人間が仏教を信仰している。もし仏教と儒教が共存すると支障があるなら、上に立つ者が用いないはず。どういうことなのだろう。
【答】 あなたのように誤解する者があると、害が生じるが、正しく理解できる者には何の害も生じない。
【問】 仏教と儒教を併用すると害があるとあなたがいうから、尋ねたまでのことだ。
【答】 私がいっているのは、そういうことではない。仏教の使い方を誤ると害があるということだ。

仏教と医者の共通点「人を救う」

【問】 仏教の使い方には、「知る」と「知らない」、「わかる」と「わからない」の二種類あるというのは、どういうことなのか。
【答】 仏教の教義などに関する一般的なことを一通り聞いても悟ることができないなら、それは刑罰を科された者の助命を武帝に願い出るようなもの。つまり、武帝は助けることは知っていても、その人間を正すことまでは知らないのだ。そういうことで、果たして正しい政治が行われるだろうか。
【問】 そうであれば、たちまち害が生じてしまう。それから、たとえ悟りの道に到達していたとしても、仏教の教えに従えば、殺生は許されない。殺生するなといって、殺すしかない重罪を犯した者を助けたりすれば、害が生じることは明らかである。

【答】 仏法は人を救う法であり、薬も病気から人を救うものだ。しかし、法を広め、薬を施して人を助けるやり方は、人によって異なる。世の中に医者と名のつく者は多数いるが、附子《ぶし》（とりかぶと）や熊膽《くまのい》（熊の肝臓）の処方を覚えて治療する医者もいれば、高貴薬である高麗《こうらい》人参を第一に使って治療する医者もいる。かと思えば、熱病患者に対して、甜瓜《まくわうり》や水を使った療法で病気を治した医者もいる。

だが、医者の多くは、そのような冷たい生ものは体に毒だといって、治療には用いない。たとえ高麗人参のような良薬だけを使ったとしても、病気が治らなければ何の役にも立たない。そのことをよく考えてみる必要がある。その上で、高麗人参は優れているというのか。あるいは、附子や熊の肝臓は薬として劣っているというのか。

名医と呼ばれている医者は、どんな病気に対しても、その病気がよくなると思える薬をまず使って疾病を治す。さまざまな薬の使い方に精通して治療するからこそ、高く評価されるのだ。

昔から薬種として使われてきたものを、時代遅れという理由で捨てる必要などどこにもない。どんな病気に対しても、古くからある薬を一つも捨てることなく、かといって一つの薬にこだわることもなく、諸薬を巧みに使いこなしてこそ真の名医である。特定の薬のみにこだわって、時代の変化に目を向けようとしない医者も、名医と呼ぶべきではない。
天下国家を治める道も、それと同じだ。古来の法をどれ一つとして捨てることなく、しかも特定の一つにこだわらないやり方は、名医が諸薬を捨てずに病気治療に活かすのと同じことなのである。天下国家を治めるのに、儒教が役立つといっても、料簡が狭くて偏ったことにこだわってしまうと、必ずや害が生じるだろう。このことは、庸医《ようい》（やぶ医者）が高麗人参で病人を殺してしまうようなものだ。高麗人参に混ぜる金粉が眼に入ると、たちまち視界がぼんやりするという例もある。

仏教を信仰するのは、心の悟りを得るためである。仏教を通じて得る心と儒教を通じて得る心があって、その二つの心に違いがあるはずがない。どちらの道で悟りを得ても、その心で仁政《じんせい》（仁道に基づいた政治）を行い、天下国家を治めたら、害が生じる余地などないではないか。『書経』（太甲《たいこう》篇）に、次のような言葉がある。

「天が降《くだ》す災いはまだ逃れようもあろうが、自分が招いた災いは逃れようがない」（天の作《な》せる孽《わざわい》は猶《なお》違《さ》くべきも、自ら作《な》せる孽《わざわい》は活《のが》るべからず）

聖人が行う政治は、天のようなものだ。何もしなくても、おのずとうまく治まるからである。『和漢朗詠《ろうえい》集』収載の藤原国風《こくふう》の漢詩「無為而治《むいにしておさむ》」に、中国の後漢の故事を引いた「刑鞭蒲《けいべんほ》朽《く》ちて蛍空しく去り、諫鼓苔《かんここけ》深うして鳥驚《な》かず」という一節が出てくる。こんな意味だ。

「刑罰に使う蒲《がま》の穂で作った鞭は、犯罪がないので使われず、いつのまにか腐ってしまって、そこから蛍が生まれ、飛んで行った。天下泰平の世の中になったので、訴えがあったことを告げるための鼓も、いつしか苔むしてしまい、庭先の鳥を驚かすこともなくなった」

※天災と自災　『孟子』の二か所（公孫丑《こうそんちゅう》上篇・離婁《りろう》上篇）に引用されている。

※藤原国風　平将門が九三九年に関東で挙兵すると、藤原純友がそれに呼応して瀬戸内海で決起したのを讃岐守《さぬきかみ》藤原国風が攻めた。その後、純友は別の朝廷軍に鎮圧され、斬首された。将門もまた捕縛され、斬首された。このクーデターを「承平天慶《じょうへいてんぎょう》の乱」という。

迷いを消せば本性に戻れる

【問】　あなたのいうとおりなら、心の悟りを得るには、儒教と仏教を併せて用いるのが当然のように聞こえる。しかし、仏教は私の業とするものではないので、どちらも同じというこ となら、儒教の方の心の悟りを知りたいと思う。仏教をはずして悟りを得ることは難しいだろうか。

【答】　「他人を憐れむ心のない者は、人とはいえない。悪を恥じ憎む心のない者は、人とはいえない」（惻隠《そくいん》の心無きは、人に非《あら》ざるなり。羞悪《しゅうお》の心無きは、人に非ざるなり）と『孟子』（公孫丑上篇）にある。あなたは、さきほどから心の悟りに達していないことで苦しみ、赤面し、不善を恥じているが、それは羞悪の心がなせるわざにほかならない。その羞悪の心を突きつめると、仁義という徳に至るはずだ。どうして仏教に依存する必要があろう。自分の本心がわかったら、もはや儒教も仏教も関係ないではないか。

さて、今ここに一人の鏡磨き職人がいるとしょう。腕が立つようなら、磨いてもらいたいと思うだろう。そのとき、その職人がどんな道具で鏡を磨くかは問わない。儒教や仏教がそれぞれの法を使って教えを説くのも、それと同じだ。儒教や仏教は、自分の心を磨く道具にすぎないのである。心を磨いた後で、道具を気にするのはおかしな話だ。儒教を学んでも得るものがなければ役に立たないし、仏教を学んでも自分の心を正しく知ることができるなら役に立つ。心を知るということでは、儒教と仏教に違いはないのである。「仏教のことを教わると、心が別のものになる」と考えるとしたら、それこそ笑止だ。仏教の僧侶でも、最初は儒教から入る者も多いのだ。「儒教の書物が邪魔をして仏の悟りの世界を知ることができない」などという話は、ついぞ聞いたことがない。

そんなわけで、儒者もまた、仏法を心を磨く手段として学び、心を会得することが、儒者の修学上の妨げになることなどないのである。すでに、仏教の僧侶は、儒者がいいだしたことでも、よいと思ったことはどんどん仏教に取り入れているのである。

また、「経論《きょうろん》」（仏教の教えを記した「経」とその注釈書「論」）によれば、「仏は覚り（悟り）であり、覚りは一切衆生《いっさいしゅじょう》（生きとし生けるもの）の迷いを解き放つ」という。迷いがなくなれば、「本性」（性）に立ち戻れる。その状態を「三界唯一心《さんがいゆいいっしん》」という。迷いが解けた仏の本性を「仏性《ぶっしょう》」（仏になれる可能性）と呼ぶ。仏性は、天地人（三才）の本体である。仏法の究極は、本性を知ることにつきる。仏から数えて二十八世にあたる達磨大師《だるまだいし》は、「見性《けんしょう》成仏《じょうぶつ》」（仏性を見つけて悟りを開き、仏になること）を説いた。

※三界唯一心　欲界・色欲界・無色界の三界で起きるあらゆる現象は、心の働きによってのみ存在し、心がつくりだしたものであって、心を離れては存在しないとする思想。

※仏性　『涅槃経《ねはんぎょう》』は、「生きとし生けるものは、すべて生まれながらにして仏になる素質を持っている」と説いている。

神道も儒教も仏教も「悟る心」は同じ

【答（続き）】　一方、儒教では、『漢書』（董仲舒伝《とうちゅうじょでん》）にもあるように、「道の大本《おおもと》は天にある」（道の大原《おおもと》は天に出《い》ず）としている。よって、天の命を性（本性）といい、「性に忠実であることが人の道である」と説いたのだ。性もまた、天地人の本体である。神道、儒教、仏教のいずれであっても、悟る心は同じだ。だから、どんな方法で悟ろうが自分の本心を得られるのだ。

また、禅宗の僧などは、「天地が豆粒のように小さいのに、もっともっとちっぽけな自分自身という存在にこだわっておられようか」という。「法性不思善不思悪《ほっしょうふしぜんふしあく》」の域に到達すると、天地という概念を超越することになるので、この仮の概念にこだわらなくなるといっているのである。だが、それは、天地の外に去ることではない。

一方、「性理」のことをよく知らない儒者などは、そのことを聞いて驚き、「それは禅宗に限った特殊な話」といって、問題外とした。そのように無視することは、いってみれば、孟子が「よくない」と指摘した告子の発言「他人の言葉の中に理解できないことがあっても、心の中で無理にわかろうとしてはいけない」（言《ことば》に得ざれば、心に求むること勿《なか》れ。『孟子』公孫丑上篇）のようなもので、儒者とはいえない。特殊な話として片づけてしまったら、告子と少しも変わらないではないか。

『中庸』（第六章）に「孔子がいうには、聖帝舜《しゅん》は大知《だいち》（とても賢明な人）だった。政治では人の意見を求めることを好み、生活に必要なことを観察して、悪い意見は自分の胸に収め、善い意見だけを民に知らせ、善悪の中間を見計らった政治を行った。その結果、後世、聖帝の一人といわれるようになったのである」（子曰く、舜は其《そ》れ大知なるか。舜は問うことを好

んで邇言《じげん》を察《さっ》す、悪を隠して善を揚《あ》ぐ、その両端を執《と》って、その中を民に用ゆと、其《そ》れ斯《こ》れ舜と為《な》すか）

舜は、世の中の善も悪も受け入れたが、悪は取り除き、善だけを取り上げた。今の世を生きる人は、自分の心に納得できないことがあると、善悪を判断せずに退けてしまう。孔子が舜を「大知」と呼んだのは、舜が、どんなことでも人に尋ねるのを好み、たとえ身近なところで交わされる日常の言葉であっても、じっくりと観察し、悪い意見は自分の胸のうちにしまって善い意見だけを取り上げ、善悪の中間の意見を民に施したからである。その点が「大知聖人」なのだと孔子はいうのである。

真の学者は「私心を捨てる」

【答（続き）】 真の学問とは、少しも「私心《しごころ》」がない境地に到達することである。『論語』は、孔子ほどの徳があっても「口が達者で、人の顔色をうかがい、うやうやしすぎるのを、古《いにしえ》の賢人左丘明《さきゅうめい》は恥じた。この私も、それを恥じる」（子曰く、巧言《こうげん》・令色《れいしょく》・足恭《すうきょう》するは左丘明。之を恥ず。丘もまた之を恥ず）と「公冶長《こうやちょう》篇」に記し、「学而《がくじ》篇」では「私は、何かを新しく創っているのではない。古の素晴らしいものを信じ、好んでいるからだ。ひそかに尊敬する殷《いん》代の賢人老彭《ろうほう》に倣《なら》っているのである」（述べて作《つく》らず。信じて古《いにしえ》を好む。竊《ひそか》（窃）に我《わ》が老彭《ろうほう》に比す）といっている。このことを知ってほしい。

孔子の徳は古今の聖人たちより優れているが、それらの賢人たちにも一つの事柄についての徳が備わっていたから、人々に敬われたのである。こうした「無我」の境地を手本にしないといけない。ましてや「心を会得したい」と願うのであれば、「私心」を捨てない限り、得ることは無理である。しかも厄介なことに、それらを実践したとしても、間違いなく会得できるという保証はどこにもないのだ。

『論語』（子罕《しかん》篇）に「孔子は、川のほとりにいたときに、弟子たちにこう教えた。道の本体を理解するのに、川の流れほどわかりやすいものはない」（子川の上《ほとり》に在《いま》して曰く、逝《ゆ》く者は斯《か》くの如きか、昼夜を舎《お》かず）とある。

『孟子』（離婁上篇）にも、川にまつわる孔子のエピソードが出てくる。

「孔子は、幼い子どもたちが『滄浪《そうろう》の水が澄んでいたら冠《かんむり》の紐《ひも》を洗い、濁れば足を洗う』と歌っているのを聞いて、弟子たちにこういった。『おまえたちよ、この歌を聞くがよい。同じ川の水でも、澄めば冠の紐を洗い、濁れば足を洗うという。どちらも同じ川が招いたことなのだ』」（孺子《じゅし》あり歌いて曰く、滄浪の水澄まば、以て我が纓《ひも》を濯《あら》うべく、滄浪の水濁らば、以て我が足を濯うべしと。孔子曰く、小子《しょうし》之を聴け、清みては斯《すなわ》ち纓《ひも》を濯い、濁《にご》りては斯ち足を濯うは、（水）自ら之を取るなりと）

自分の心に「不善」（よくないこと）が宿っていると、他人から侮られることになる。そう孔子は諭したのだ。聖人は、このように、見たり聞いたりしたことも自分の心の問題にできる。道への信仰こそが聖人の学問なのである。

ところで、私は、かつて、「一物一太極《いちもついちたいきょく》」（「万物は一つの太極から発する」とする説に対し、「一つの物は一つの太極から発する」とする説）を疑ったことがあったが、ある書物を読んでいたら「天地いっぱいの神国というと、広いと思いがちだが、実は狭い。広くて狭いのである。その逆に、微塵《みじん》（細かい塵）の中の神国というと、狭いと思いがちだが、実は広い。狭くて広いのである」という刺激的な記述に出合い、「一物一太極」に対する疑問が氷解した。

今やっていることと全く違う分野の書物を読んでも、少しも儒教の妨げにはならない、と私はいいたいのだ。儒教を修学する道の途中で、もし神のお告げを耳にしたとしても、いささかも疑問に思うことはない。さらにいえば、仏教の教えであれ、老子や荘子の教えであれ、いわば、それらは自分の心を磨くための手段なのだから、排除すべき対象ではないということである。

ひとたび心を磨いたなら、仏教から老荘思想、諸子百家、一般の技芸まで、あらゆる範《はん》疇《ちゅう》の思想を寄せ集めても、それらに対する心は鏡のように澄み渡っている。鏡の前に何かが現れたらたちまち映し、消えたら何も映さなくなる。そういう心を理解してから聖人の教えに接すると、あたかも一点の曇りもない鏡に映った自分を見つめるような境地に進む。そのようにして一つの道理に徹することで、天地万物の姿を見ても、まるで自分の掌《たなごころ》を見つめるような心境で眺められるようになってくるのである。つまり、目に映るすべての対象が自分と一体化するのだ。

※滄浪《そうろう》　川の名前説、地名説、「青い流れ」とするなど諸説ある。

『日本書紀』に学ぶ「誠」の教え

【答（続き）**】**『日本書紀』（神代巻）は、述べている。

「まず、天照大神《あまてらすおおみかみ》は、手にお持ちになった宝鏡の八咫鏡《やたのかがみ》を孫の天忍穂耳尊《あめのおしほみみのみこと》に授けて祝福し、『わが皇子よ、この宝鏡を見るときには、まさに私を見るように見なさい。そして、この宝鏡は、そなたが住む家の居室に安置して斎鏡《いわいのかがみ》とするように』と神勅《しんちょく》を下した」

（天照大神《あまてらすおおみかみ》手に宝鏡《たからのかがみ》を持ちたまひて、天忍穂耳尊《あめのおしほみみのみこと》に授けて祝《ほぎ》て曰《のたまわ》く、『吾《あ》が児此《ここ》の宝鏡を視《み》まさんこと、まさに吾《われ》を視るがごとくすべし、與《しも》に床を同じくし、殿《みあらか》を共《ひとつ》にし、以て斎鏡《いわひのかがみ》と為《な》すべし』と）

この天照大神は、神璽《しんじ》（八尺瓊勾玉《やさかにのまがたま》）・宝鏡（八咫鏡《やたのかがみ》）・宝剣（草薙剣《くさなぎのつるぎ》）の「三種の神器」の御徳を象徴する御神である。

『中庸』に「誠なるよりして明らかなる、之《これ》を性と謂《い》う」（誠を追究することで見えてくるもくのを「本性」という）とあるように、誠は天の道である。その言葉に続く「明らかなるよりして誠なる、之を教えと謂う」（性を明らかにして誠へ到達しようとする道を「教え」という）そのものであり、天照大神の教えによって神璽の徳に触れたのである。天忍穂耳尊《あめのおしほみみのみこと》は、神璽の徳の境地に到達すれば、宝鏡や宝剣の徳にも触れることができるようになる。神璽の徳の域にまで達すると、宝鏡や宝剣の徳もその中に含まれるからだ。天照大神が「この宝鏡は、まさに私を見るように見なさい」と告げた神勅は、「宝鏡を天照大神と思って直《じか》に拝みなさい」という意味である。

「住む家の居室に安置せよ」との命は、「宝鏡の御徳がそばから離れなければ、代々の帝が天下を平穏無事に治められるだろう」という意味の御宣託と推察すべきである。

こうした道理を知らずに君主が政治を行えば、その国は滅亡へと向かい、家臣は家を乱すことになる。政道が正しい軌道から外れ、無益な殺生をし、欲望のおもむくままに道義に反することを平然と行い、五倫五常の道に背き、僧侶は五戒を破って仏の道に背く。そうなったとき、世の中を正しく治める方法は、聖人の道をおいてほかにないのだ。

だからこそ、儒教、仏教、老子、荘子など、あらゆる教えが国の一助となるやり方を考えるべきである。その意味でも、日本の神社の宗廟である天照皇大神宮《あまてらすこうたいじんぐう》（伊勢神宮）を本社として崇め、その御神託を受け入れて、諸々の煩雑なことには関わらないようにし、

「唯一の心として定めた法」をよく理解し、天照大神の命に適うことだけを唯一の拠りどころとして、その法を補うために儒法や仏法を用いるべきであろう。

そういうわけで、どれか一つの法を捨てることなく、また逆に、どれか一つの法にこだわることもなく、天地の道に逆らわないこと、そうすることが肝要である。

※神璽・宝鏡・宝剣　三種の神器を携えて日向《ひゅうが》の高千穂峰《たかちほのみね》に降臨するのが、天忍穂耳尊《あめのおしほみみのみこと》の息子（天照大神の孫）の瓊瓊杵尊《ににぎのみこと》。つまり、皇孫で、その奇跡が「天孫降臨」。天孫降臨するのは、当初は天忍穂耳尊《あめのおしほみみのみこと》（天を「あま」と読むこともある）だったが、瓊瓊杵尊《ににぎのみこと》が生まれたので代わったという一説もあると、『日本書紀』は記している。

特定の考えに縛られるな

【問（別の客）**】**　これまでの質問に対する答えは、十分とはいえないのではないか。あなたの答えを聞く限りでは、「学問の道というのは、ほかでもない。なくした本心（良心）を取り戻すだけだ」（『孟子』告子上篇「学問の道は他《た》なし、其の放心《ほうしん》を求むるのみ」）といったかと思えば、「聖人の心は無心だ」（『老子』第四十九章「聖人常に心無く、百姓《ひゃくせい》（人々のこと）の心を以て心と為す」）とも説く。無心なら、心を求める必要などないではないか。真剣に心を求めたいなら、無心と説くのは間違いだ。どれが是で、どれが非なのかを検討してどれか一つに決めるということをしないで、かような紛らわしい説を述べるのには、いかがなものか。

【答】 学問の道というのは、一つの定まった考え方に固執して変えようとしないことではなく（一定《いちじょう》の中《ちゅう》に膠《にかわ》して、變《へん》（変）を不知《しらず》）、一つの説だけを採用してそれ以外の多くの説は捨て去る（一《いつ》を取りて百を舍《す》つる）というものではない。

わかりやすい喩え話で説明すると、一本の丸太を使った桴《いかだ》（筏）に乗るようなもの。普段から乗りなれている者は、どの位置にいても巧みにバランスをとって簡単に乗りこなすが、乗りなれていない者は、丸太がぐらぐら揺れるのでバランスのとり方がわからず、うまく乗りこなすことは難しい。学問の道も、そのようなものなのだ。体の中心にある心を知らないために、いくら講義を聞いてもわからない。それに対し、心を知っている者は、軸足が道理で支えられているので、どんなことも自分の心に適うようにできるのである。

そんなわけで、「なくした良心を取り戻す」とする説もあれば、「聖人の心は無心だ」と主張する説もあるのだが、それらは完全に別々のものではなく、それぞれの根底にある考え方は合致しているのだ。

天地の心は、万物を生じることである。生まれ出たものは、さらに新たなものを生むことで心を得、そうすることをそれぞれの心とするのである。しかし人は、欲望に負けると、その心を失ってしまう。だからこそ、「人が天地の心に還《かえ》るときは、無心であれ」と私はいうのだ。いうまでもなく、天も地も無心だが、年々歳々、四季はめぐり、万物が生成している。聖人は、天地の心と同化するので、私心がなく、無心のようになりはするが、仁義礼智の四つの道徳（良心）は、きちんと行われるのである。ひとたび悟りの境地に達すると、一気に視野が開け、迷いや疑いが晴れるものだ。「聖学」（聖人の学問）を論じるというのは、そういった心を知った次のステップと思ってほしい。

※**一定の中《ちゅう》に膠《にかわ》して、變《へん》を不知《しらず》**　朱子『孟子集註』（尽心章句上篇）に「中《ちゅう》を執《と》って權《かり》（秤《はかり》の重し）無ければ、則ち一定《いちじょう》の中《ちゅう》に膠《にかわ》して變《へん》ずることを知らず。是亦《これまた》一を執るのみ」の註がある。

※**一を取りて百を舎《す》つる**　『孟子』（尽心上篇）に「一を挙げて百を廃すればなり」。

巻之四

学者の行状《ぎょうじょう》、心得難きを問うの段

“文字芸者”になるな

【問】　あるところに、幼年期から学問をし、「四書五経」（『大学』『中庸』『論語』『孟子』の「四書」と『詩経』『書経』『礼記』『易経』『春秋』の「五経」）はいうに及ばず、どんな書物でも諳《そら》んじてしまう優れた徳のある学者がいる。それほどの人物なのに、納得できないことが多い。一例を挙げるなら、金銭の借用面でだらしない点が多すぎるのだ。それでも、当人が倹約したうえで、二進《にっち》も三進《さっち》も行かなくなって借金するというなら話は別だが、そうではない。けじめがなく、他人にも迷惑をかけるというふうで、あまつさえ両親に仕える点でも、どことなく感心できないところがあり、親の気持ちにそぐわないので、まずもって不孝者というべきだろうか。

そもそも、その学者の行状を見てみると、知ったかぶりをし、態度は高慢ちき、弁舌は巧みだが、耳慣れない言葉を使いまくるので、とにかくわかりづらい。それに、どことなく近寄りがたい雰囲気があるので、十人いたら九人までが嫌っている。そういうことなので、親の気に入らないのも当然だという者が多い。「博学の徳」というべきものがありながら、このような愚行を重ねるというのは、どうしてなのか。

【答】そのような疑問を呈するところをみると、あなたは「徳」ということをまったく知らないように思える。その学者が目指しているのは、徳を求める本来の学問ではない。そういう人物は、文字で遊んでいるという皮肉を込めて〝文字芸者〟と呼ぶのだ。

【問】ということは、書物を読むこと以外に学問があるということなのか。

【答】書物を読むことは、確かに学問である。しかし、書物を読んでも、文字の背後にある「心」まで理解しないと真の学問とはいえないのだ。聖人の書には、おのずと心が宿っている。その心を知ることを学問というのである。それなのに、文字面だけを目で追って、それでわかったような気になってしまうのは、単なる〝一芸〟にすぎない。だから私は、〝文字芸者〟といったのだ。

眼光紙背に徹する読書をせよ

【問】同じ読書をするのでも、今あなたが二通りに分けたのは、どういう根拠に基づくものなのか。

【答】 孔子が弟子の子貢《しこう》にいった言葉に「子曰く、女《なんじ》は器《うつわ》なり」（『論語』公冶長《こうやちょう》篇）というのがある。子貢は頭脳明晰で記憶力もよかったから、『論語』にも多く登場するが、その時点では、まだ徳を悟ってはいなかった。だから孔子は、「志はあっても、仁に至るまでは器だ」といったのだ。器は、一つの品目としての役割は果たすが、すべての用途には通じないのである。その子貢だが、志があったので、最終的には「本性」と「天道」について悟りを得、やがて「君子の徳」まで到達することになるのである。

しかし、あなたがいう学者は、親に不孝をし、他人には嘘をついている。どちらも「不《ふ》仁《じん》」（仁に背き、慈愛の心がない）ということである。文学という一芸にだけ精を出しているだけなので、〝文字芸者〟というしかないではないか。

徳とは、心で会得し、それを実践することをいうのだ。自分自身が得心できれば、おのずと父母には孝行をし、他人には嘘をつかなくなる。嘘をつかなければ、金銭の出し入れに関しても不正を働かなくなる。返すつもりのない金を借りるということもしなくなる。たとえ餓死しようとも、義に背くような不正な物品を受け取ることもしない。まさに、『論語』（衛霊公《えいれいこう》篇）に書かれている「一生守るべき徳は何か」と尋ねた子貢に孔子が答えた「自分がしてほしくないことを人にしてはいけない」（己の欲せざる所は人に施す勿《なか》れ）である。

自分の才能を他人に自慢せず、他人のよいところは見習うようにし、他人の悪いところに気づいたときには「自分にも、こういうことはないか」と気にかけて反省するなど、常日頃から「仁義に対する志」を持ち続けているのを「聖人の学問」というのである。

『論語』（雍也篇《ようやへん》）に、「弟子の中で誰が一番学問好きか」（弟子《ていし》孰《たれ》か学を好むと為《な》す）と哀公《あいこう》（魯の王）に問われた孔子が、こういったと書いてある。

「顔回《がんかい》という名の者がいて、学問を好み、怒りを顔に表さず、同じ過ちは二度繰り返しませんでした。しかし、不幸なことに短命で、死んでしまいました。彼の死後、今に至るも、学問を好むという者を聞いたことがありません」（顔回という者あり。学を好み、怒りを遷さず。過《あやま》ちを貳《ふた》びせず。不幸短命にして死せり。今や則《すなわ》ち亡《な》し。未《いま》だ学を好む者を聞かざるなり）

顔回の心は、鏡が物を映すかのようである。右の怒りを左に移すようなことはしない。一度犯した過ちを、以後、二度と繰り返さなかったという。このように、心を会得し、さらに実践することを「徳に至る」という。したがって、孔子は、文学に長じていた弟子の子夏《しか》や子游《しゆう》を「学問好き」（好学）とはいわなかったのだ。詩書（『詩経』『書経』）、六藝《りくげい》（礼・楽・射・御・書・数の六つの芸）を学び、それらの道に通じていた孔子の弟子は七十人もいた。

しかし、文学に通じても、文学は徳の「作用」(働き)にすぎず、徳の「本体」(徳そのもの)ではないのだ。

あなたのいう学者は、長年にわたって書物を埋め尽くす文字に接し続けてはいても、眼光紙背《がんこうしはい》に徹するところまでは至っておらず、肝心の「書物の心」を会得できていないために、親には不孝をし、人づきあいでは芳しくないことをするなど、義に反する行状が多くみられるのである。にもかかわらず、当人たちは、「文字さえ読めば、徳が身につく」と錯覚している。ゆめゆめ勘違いしてはならない。

浄土宗の僧、念仏を勧めるの段

儒教には仏教のような秘伝はない

――よく顔を出す浄土宗のある禅僧が、あるとき訪ねてきて、こんな質問をした。

【問】あなたは儒学者であるから、仏教を勧めたりはしないが、『徒然草』（第九十一段）にもあるように、無常変易《へんえき》（無常で移り変わること）が世の習いなので、日常のつれづれなる折には念仏を百遍、二百遍ずつでも唱えるようにしたら、いずれ訪れる来世への一助となるであろう。それに、儒教ではついぞ聞くことのできない大事なことも仏教にはあるので、お話しするのである。

【答】心にかけてもらい、今回の問いかけ、身に余る光栄である。早速だが、その儒教にはない大事なこととは、どういうことなのか。

【問】儒教も仏教も「勧善懲悪」の教えであるということはよく知られており、両者に違いはない。だが、仏教には、儒教がどうしても及ばない教えがある。

【答】その及ばない教えとは、孔子のいう「下愚《かぐ》の不徒者《うつらざるもの》」（どんなに学んでも変われない、生まれつき愚かな者）のことなのか。

※下愚《かぐ》『論語』（陽貨篇）に「子曰く、唯上知《ただじょうち》と下愚《かぐ》は移らず」（子曰く、生まれつき賢い者と生まれつき愚かな者だけは、どんなに頑張っても変わることがない）とある。

三重苦の人を救えるか

【問】たとえ下愚であっても、目も見え、耳も聞こえ、口でものをいえる者であれば、教えが伝わることもある。下愚の者も、仏前や神前で「これは、こういう神」「これは、こういう仏」などと説明すれば、その名前ぐらいはわかるものだ。つまり、その程度の教えは届くということ。私がいいたいのは、そういうことではなく、どうやっても教えが届かない者に対しても、教えを届けられる秘伝があるということなのだ。

その秘伝というのは、口がきけない、耳が聞こえない、目が見えないという三重苦を負った者についてである。耳が聞こえないから、説法を聞くことができず、目が不自由であれば、経典を見ることもかなわず、口がきけないから自分の考えを述べることもできない。そのような三重苦の者であっても、救済して極楽往生させられるということを仏教は伝授するのである。そういうところが、儒教には欠けている。ただし、仏教が救えるのは現世でのことに限られており、来世で救うことはできない。

【答】仏が救済する罪は、どのような原因で生じるのか。

【問】その罪というのは、物を見ては邪念を起こし、話を聞いては喜怒の感情をあらわにし、言葉を発すれば他人を譏《そし》って怒らせ、それ以外にもさまざまな種類の罪をつくることだ。そのような罪を救い助けるのである。

【答】それなら、こんな場面ではどうなろうか。今、ここに主君を殺し、自分の親も殺した者がいると仮定すると、その者は罪を逃れることはできない。この者も助けるべきなのか。もし助けることができたら、教えが届くようになるというものだ。その逆に助けられないということになると、三重苦の人も助けられないという証明になる。ただし、三重苦の人は、見ることも聞くことも話すこともできないから、罪はない。罪なき者に助けは無用ということになる。仏教では、それ以外に助けることがあるのか。

【問】いや、そういうことではない。まだまだ大事なことがある。三重苦を背負ったのは、過去の因果である。しかし、それを救済する秘伝があるのだ。三世（前世・現世・来世）のいずれの世界においても、儒教では、救済することはないのではないか。

【答】確かに、そのような教えは伝わっていない。天地の間に生成するものは、天を父とし、地を母として自然に生まれてくる。朱子は、『大学』の註釈書『大学章句』の序で、「天が万民を誕生させるときは、仁義礼智という徳を等しく与えるが、それぞれの気質は等しくはない」（天より生民を降すときは、則ち既にして、之に與《あた》うるに仁義礼智の性を以てなし、然れどもその気質の稟《りん》たること或いは、齊《ひとしき》こと能《あた》わず）といっている。

人として今の世に生まれた者は、「五倫五常」の教えを受けている。君臣の義、父子の親《しん》、夫婦の別、兄弟の序、朋友の信の「五倫」をよく励行し、仁義礼智信の「五常」で示される本性（徳）をまっとうすることで、天命に従わせるという教えである。一方、草や木は天命に背かないから教えは不要だ。その点、人には喜怒哀楽の情があるので、天命に背いてしまう。だからこそ、教えによって、人の道に導く必要があるのだ。

しかし、口がきけなければ話さず、耳が聞こえなければ聞かず、目が不自由ならば見ない。見聞きせず、言いもしなければ、罪はない。罪のない者は、赤ん坊と同じ。赤ん坊は教えなくても〝無知の聖人〟だ。そもそも聖人というのは、何かを見ても私心がなく、何かを聞いても私心がなく、何かを話しても私心がないので、孟子（『孟子』離婁下篇）も「赤子の心を失わない者は聖人である」（孟子曰く、大人は、其《そ》の赤子《せきし》の心を失わざる者なり）といったのである。これまた、三重苦の人に似ている。聖人の教えは、罪がある者を正すのである。しかし、罪がない者まで正す必要があるだろうか。

そこで、あなたに尋ねたい。庚申塚《こうしんづか》という石碑があちこちにあるが、そこに彫ってあるのは「見ざる聞かざる言わざる」の猿だ。三匹一緒にすると三重苦なのだが、これを仏菩薩として人々に拝ませている。三重苦の人も、仏菩薩に近いものを伝授しないと救いがたいということになるが、これをどう考えたらいいのか。

また、圓光大師《えんこうだいし》（法然《ほうねん》の諡号《しごう》）の「一枚起請文《きしょうもん》」（没する直前の一二一二（建暦《けんりゃく》二）年に記す）には、「このこと以外に念仏の奥深さを知っていながら、隠しているというのなら、阿弥陀さまとお釈迦さまの慈悲に背くことになり、私を救済するという本願から漏れ落ちてしまうことになりましょう」（この外に奥深きことを存ぜば、二尊のあわれみにはづれ、本願にもれ候べし）と書いてあるそうではないか。

たった一枚の起請文なのだから奥深い内容ではないという一方で、秘伝として大切に伝わってきたともいう。だがそれは、法然上人本来の教えと違うのではないか。少なくとも儒教では、そのような箱入りの秘伝を伝授することは不要である。

「南無阿弥陀仏」は釈迦の説法

【問】 ならばお尋ねするが、これまで伝えてきた大事なことを、あなたが、すべていつわりだと誹謗中傷するのはどういうわけか。

【答】何の理由もなく、他の宗教を誹謗中傷することなどない。念仏宗（法然を開祖とする鎌倉仏教の宗派）がいっているのは、「西方極楽浄土の彼岸へ行って、釈迦如来の説法を聞き、成仏する」という教えである。あなたのように導師となる人は、このあたりのことをうまく工夫して説明しないといけない。仏教でいうと、「迷うからこそ、三界《さんがい》（欲界・色界・無色界）がある。悟るからこそ、十方空《じっぽうくう》世界（東・西・南・北の四方、北東・南東・南西・北西の四隅、上下方向の「十方」にあるすべてのものは、みな「空」）であるというが、そもそも、東西もなければ南北もないのである」と説く。

　このように、彼岸が心の中の浄土ということは明白である。浄土とは、自分自身の心を指すのだ。法然上人の『随願往生経《ずいがんおうじょうきょう》』には、こう記されている。

「普廣《ふこう》菩薩が、仏に『仏の十方《じっぽう》仏土は、どこも荘厳で清浄だ。しかし、どうして諸経のなかで、西方の阿弥陀仏の国だけを讃嘆して、往生を勧めるのか』といった。すると仏は、『すべての衆生を見渡すと、心が濁り、乱れた者が多く、修業に励んでいる者は少ない。そこで、衆生を仏道に専心させようとして、西方の阿弥陀仏の国だけを手本として特別に讃嘆してみせたのだ。もし願をかけて修行すれば、必ず得るものがあるだろう』」（普廣《ふこう》菩薩、佛《ほとけ》に白《もう》して言《もう》さく、世尊十方佛土《せそんじっぽうぶつど》。皆厳浄《みなげんじょう》を為《な》す。何故《なにがゆえ》に、諸経の中《うち》、偏《ひと》へに西方阿弥陀佛《さいほうあみだぶつ》の國《くに》を嘆《たん》して、往生を勧めたまふや。佛、普廣菩薩に告げたまわく、一切衆生《いっさいしゅじょう》、濁乱《じょくらん》の者は多く、正念《しょうねん》の者は少《すくな》し。

衆生専心《せんしん》ならしめんと欲すること、在《あ》ること有り。是《こ》の故に、彼《か》の國《くに》を嘆《たん》ずること、別異《べつい》と為《な》るのみ。耳《みみ》若《も》し能《よ》く、願《がん》に依って修行すれば、益を獲《え》ざること莫《な》し）

この内容から察するに、すべての衆生の中で、心が濁り、気持ちが乱れている者は多く、邪念を追い払って一心に修業している者は少ない。そこで、そのような衆生の心をまっすぐな正しい方向へ向かわせるために、西方《さいほう》を極楽と教え示しているのは明白だ。となれば、極楽は西方にあるとの教えは愚かな者に対する説法であって、頭のいい者（上知《じょうち》）への教えは十方仏土であることも明白である。指導者になるような人間は、特にこのあたりのことを頭に入れておく必要があろう。

愚かな者は、まず自分が往くべき道を知らない。自分自身の往生のことがわからなければ、他人を導くことなどもってのほかだ。そもそも釈迦如来の説法は「南無阿弥陀仏」そのものであるということを知らなければならない。

口で唱える「南無阿弥陀仏」が耳に入って、一回の念仏で一つの悪念を消し、二回の念仏で二つの悪念を消し去る。そういうことを繰り返していると、悪念は死滅し、善心が生まれる。これ即ち、「往生《おうじょう》」（往生）である。往生には三つの意味があり、そのうちの一つを説明すると、「往」は「此《し》」に近い。つまり、「往生」は「此生《ししょう》」で、「ここに生まれる」という意味だ。「自心《じしん》」（自分の心）の中に生まれることから、「往《ゆ》かずして往《い》く」（不往往《ゆかずしてゆく》）

を「往生」と名づけたのである。

極楽往生への道

【答（続き）】　念仏を行う者は、当初は「この世の煩悩から逃れたい、その苦しみから離れたい」と思い、極楽往生できることを願って、阿弥陀仏を念ずる。そうやって月日が経つと、「南無阿弥陀仏、南無阿弥陀仏」と念仏を唱えることが習慣となり、念仏以外の余計な雑念が頭から消えて、ついに南無阿弥陀仏の世界に完全に没入してしまえば、そこに自分という存在は見いだせなくなるのである。

自我が消えると、そこは虚空のようなものだ。その虚空に、「南無阿弥陀仏」と唱える念仏の声だけが響き渡るだけ。念仏を唱えること、これ即ち、阿弥陀仏ということになるのだ。阿弥陀仏みずからが、その名を唱えるのが説法ではなかろうか。

このような説法の功徳によって、阿弥陀仏を念じる者と念じられる仏が一体となって、「苦」と「楽」の二つから離脱し、そこで終わるのである。離脱し終えると、無心無念（心に何もない状態）の不可思議な境地に到達できる。これを名づけて、「自然悟道《じねんごどう》」（おのずと道《みち》を悟《さと》る）あるいは「能所不二《のうしょふに》」（主客・能動受動を区別しない）とか「機法一体《きほういったい》」（衆生の信心と阿弥陀仏の一体化）といっているのではなかろうか。

法然上人の『大原《おおはら》問答』（上巻）に、こんな文言がある。

「修行という目に見える形で悟りを得、ただちに目には見えない真理という本性の安らぎの境地に入る。往生するという意識を抑えることで、生も死もないという道理を体得させる」（有相《うそう》の修因《しゅいん》より直《ただち》に無相《むそう》の楽果《らっか》に入る。往生の見《けん》を抑《おさ》へて、無生《むしょう》の理を躰達《たいたつ》せしむ）

あなたは、これらのことを、どのように納得しておられるのか。

『阿弥陀《あみだ》経』には、こう記されている。

「ここから西方《さいほう》へ向かい、万億《まんおく》仏土を過ぎたところに世界がある。そこを名づけて『極楽』というのだ。その土地に仏がいる。阿弥陀仏と号している。今もそこにおられ、説法をなさっている」（是従《ここよ》り西方、十萬億の佛土を過ぎて世界あり。名づけて極楽と曰ふ。其の土に佛有り。阿弥陀と号す。今現に在まして説法したまふ）

現在とは、「目前」という意味だ。「心の中にある浄土」（唯心《ゆいしん》の浄土）であり、「自分の心にある阿弥陀仏」（己心《こしん》の阿弥陀仏）であるから、「この現世こそが仏の世界」（娑婆《しゃば》即寂《そくじゃっ》光《こう》）なのである。したがって、現在の説法は、『涅槃経』の説く「草木や国土のような心のないものにも仏性《ぶっしょう》があり、成仏する」（草木国土悉皆成仏《そうもくこくどしっかいじょうぶつ》）ということであって、森羅《しんら》万《ばん》象《しょう》がことごとく仏であるから、柳は緑、花は紅といった具合に、異なった姿かたちをとりながらも、生きとし生けるものすべてが、法を説いているということになる。

人は一心不乱に修行を積むことで、そのことを理解できる境地に到達し、九品浄土《くほん》（九等に分かれた極楽浄土）を目前で拝まないといけないのである。これ即ち、「諸法実相《しょほうじっそう》」（時空を超越した絶対的事実。現実世界にあるものの真の姿）である。

『観無量寿経《かんむりょうじゅきょう》』には、こんな経文も見える。

「光明遍照《こうみょうへんしょう》。十方世界。念仏衆生。摂取不舎《せっしゅふしゃ》」（阿弥陀如来の光明は、十方の世界をあまねく照らし、その慈悲の心で、念仏を唱える衆生を救い、決して見捨てない）

他宗は、修行の功徳を積み重ね、観行《かんぎょう》（観念修行）や座禅などによって、その道理を悟るのである。しかし、「念仏宗は、難行苦行をすることなく悟りを開くから、他の諸宗より勝れている」という巷の声を耳にして、あなたもその口まねをしているのではないか。釈尊《しゃくそん》（釈迦牟尼仏《しゃかむにぶつ》）の説く「法性《ほっしょう》」（万物の本体）を悟って「一仏成道《いちぶつじょうどう》」（阿弥陀仏の徳を受けて、すべてのものが仏になること）するのと、念仏を唱えることで法性にたどり着いて「自然悟道」するのと、この二つのどこに違いがあるのか。法性に二つはないのだから、「南無阿弥陀仏」と唱えるだけで、浄土宗は事足りるはずなのだ。しかし、秘伝を伝授しないと完全ではないというのであれば、法然上人の「一枚起請文」は偽りだといって破り捨てるのだろうか。

或る人、神詣《かみもうで》を問うの段

まず神社に参拝せよ

【問】私は最近、親の年忌で国元へ参ったが、産神様《うぶがみ》にお参りしなかった。今回は墓参をするのが第一と思い、最初に墓参りをしたので、体が穢《けが》れたと思って産神様への参詣を遠慮したのだ。それに、産神様に先にお参りしては親を粗末に扱うようにも思ったのだ。このことをどう思うか。

【答】親の心に適うようにすべきである。

【問】私の親はすでに亡くなっているので尋ねるわけにもいかず、どうやって親の心を知ったらよいだろうか。

【答】朱子が『論語集註』(為政篇)で、「どんな親の心も、わが子にとってよいことを願うもの。父母の子を愛する心に至らないところはない」(言う、父母の子を愛するの心、至らざるところなし）といっている。まさにそういうことであり、心身が汚れないうちに産神様へ参詣することだ。親が存命の頃、あなたが国元へ帰ったら、おそらく親は、「まず産神様へお参りするように」といったのではなかったか。であれば、何をおいてもまず参詣し、神を敬うことが親の気持ちに適うことになる。父母の心に適うことほど、喜ばしいことはないのではなかろうか。

また朱子は、『論語集註』（里仁篇）で、「父母はこう思うだろうという気持ちになって行うのが、親孝行というものだ」（范子《はんし》曰く、能《よ》く父母の心を以て心と為《な》せば、則ち孝なり）という范子《はんし》の註を引用している。『中庸』（第十九章）は「親には、死後も生前のように対すべきだ」（死に事《つか》ふまつること、生けるに事ふる如し）といっている。あなたは、今は父母がいないけれど、この意味をよく理解して事にあたれば、それが親に孝行をすることになるのだ。

※范子　宋代の歴史家范祖禹《はんそう》。名著『資治通鑑《しじつがん》』を編纂した司馬光《しばこう》の高弟。

医の志《こころざし》を問うの段

自分の仕事に精魂を傾けよ

【問】　私は、倅《せがれ》の一人を医者にしたいと考えている。世渡りしていくには、どのような心得が必要だろうか。

【答】　私は医者の道は学んでいないので、詳しいことはいえないが、どういう志が必要かということを話そうと思う。まず、医学に心を尽くすべきだ。だが、医書に書かれた意味が理解できずに、人命を預かるのは恐ろしい。自分自身の命を惜しいと思う気持ちで、医者にかかる人の気持ちを推し量ることが大切。病人を預かったら、一時でも気を抜かないことだ。自分の頭が痛かったり、腹痛がしたりすれば、少しの間もがまんできなくなる。そのことが理解できる者なら、人の病気を自分の病気のように考える。心を尽くして治療に専念すると、夜もゆっくりとは眠っていられない心境になるだろう。

人の命を大切に思い、薬を処方し、そうすることを自分の使命と考え、その患者の病気が快癒するのを楽しみとし、謝礼のことなどは考えずに治療に励めばよいのだ。謝礼のことは考えるなといっても、患者側にしてみれば、一命をゆだねるのだから、暮らし向きに応じたそれ相応の謝礼をするはずだ。

以前、ある人が私に「世渡りを考えたら、医者はやるべきではない」といったことがある。薬を処方する側から見ると、そういうこともあるということだ。生活のために医者を開業すると、謝礼が滞っている家へは往診に出かけたくない気持ちも出てこようというもの。とはいうものの、「そのうち、往診に」と日延べしているうちに、その病人が死にでもしたら、それが天命であったとしても、医者としての正しい心で判断するなら、自分の私欲のためにそういう結果を招いたことになり、天命と簡単に片づけられないだろう。

孟子（『孟子』梁恵王上篇《りょうけいおう》）は、梁の恵王に「人を殺すのに刃《やいば》をつかうのと、政治で死に追いやるのとでは、どんな違いがあるか」と尋ねられ、「殺すことに変わりはない」と答えている（「人を殺すに刃と政《まつりごと》とを以てせば、以て異ることあるか。曰く、以て異ること無し」）。人を殺す方法に違いはあっても、死なせた罪にかわりはない。恐ろしいことだ。

医者としては、精一杯心を尽くし、人の命を惜しむ仁の心もあって薬を施したのに、病気が治らない場合は仕方がないというしかないが、孔子（『論語』子路篇）は「確固たる信念と覚悟がなければ、神に仕えることもできないし、医者となって人の病気を治すこともできない」（恒無《つねな》くんば以て巫醫《ふい》を作《な》すべからずと。善《よ》い哉《かな》）といっている。

医業は、人の命を託される仕事である。人の命を大切にする気持ちを自分の心としないと、仁の道に背いた過ちを何度も犯すことになる。自分の命を惜しむ心で病人を愛するなら、過ちは少なくなるはずだ。心底からこのようにする者が仁愛に満ちた真の医者となるのだ。仁愛を失わないこと。それが、医者に求められる恒常心なのである。

前述した孔子の言葉を胸に深く刻み、治りにくい病気にかかった患者と出会ったら、医書を読み漁って、その治療法を工夫することだ。そうするのは、博識になるためではなく、心底から病人を気にかけ、憐れみの気持ちで接するためであり、そういうことを重ねていけば、いつか必ず「博学の名医」と呼ばれるようになるだろう。博学というのは、詩作に励んだり、文章が巧みであったりすることではない。

以上が、医者として志すべきことの大略である。

博識の意味を勘違いするな

【問】 すると、「博学の名医」とは、医学のことにだけ精通していればよいということになるのか。しかし、医学以外の学識がないと、挨拶をするときも通り一遍の凡庸な表現しかいえず、いかにも安っぽくみられるに違いない。学問がないように思われたら、ほかの人たちからの信頼も薄くなり、信頼されなければ、治療などにも支障が生じるだろう。立派な人間と思わせるには、詩とか文章も含めて博学であった方がよいのではないか。

【答】学識を博くするという点については、私も賛成だ。文学を捨てろといっているのではない。やるなら、医学に習熟してからにすべきである。本末という観点に立てば、医学は本であると知らねばならない。『論語』（学而篇）にも「根本を確立してこそ、道は開けるのだ」（本《もと》立ちて道生《うま》る）とある。本末を取り違えるのは君子の道ではないのだ。もしかして、あなたは、世間の人が聞き慣れないようなことをいうのを「博学」だと勘違いしていないか。そうであれば、粗略な考えだ。良医とは、耳慣れない専門用語をいう者ではない。

医書には、「望《ぼう》・聞《もん》・問《もん》・切《せつ》」（望診・聞診・問診・切診）と呼ぶ四つの診断法が出てくる。最初に、病人の顔や姿を目で見て容体《ようだい》を観察することを「望診」という。次に、どんな様子かを聞いて病気を知るので、これを「聞診」という。続いて、不審に感じた点を尋ねて病因を探るのを「問診」という。さらに脈を診て病気を特定するのを「切診」という。

つまり、病人に「望」（臨）み、その体調を観察した後に患者が症状を告げるのを「聞」き、細かいことを患者に「問」い、脈を「診《み》」て、患者の症状が自分の知識にある病気と合致しているのかいないのかを総合的に判断して病気を特定し、それから薬を処方するという手順なのである。そういう流れの中で、一般の人が聞き慣れない専門用語を口にしても相手にはわからないから、相手の返事も要領を得ない。互いの意思疎通を欠いては、せっかくの「望・聞・問・切」も意味をなさず、医者が病根を察して治療するという医療本来の行為が行われなくなってしまうのだ。

傾聴すべき孔子の至言「辞《じ》は達するのみ」が『論語』（衛霊公篇）に出てくる。「辞は達するのみ」とは、「言葉は通じることが重要」ということだ。「こちらのいうことが相手に正しく伝わればそれで目的を達したことになるが、伝わらなければ正しく伝わるまでいう必要がある」という意味である。話をしても、わけのわからないことをいうのは、狂人だ。どうやって狂人を治療できるというのか。

京都に住んでいる医者で、医書と『論語』を読んでいない者は皆無といってよかろう。意味のよくわからないことをいって喜ぶような医者は、都《みやこ》から遠く離れた片田舎に住んで、「仮名草子」（散文、小説などの通俗的読み物）などを愛読しながら、治療を行っているような連中で、「何も知らない医者だ」と世間から軽蔑されるのを恐れて、聞き慣れないことをあれこれといいたがるものなのだ。良医たる者に、このようなことがあろうはずがない。

或る人、主人の行状の是非を問うの段

どちらの経営者が正しいのか

——ある人がやってきて話をし、私にこんなことを問うたのである。

【問】 私の親方は、現在、裕福な暮らしをしており、金銭的には何の不足もないように見える。それなのに親方は、金銭を貯めること以外にこれといった楽しみもないようで、ただ金庫番をしているだけなので、まるで貧乏人のような雰囲気だ。

一方、今の親方の父、つまり先代が店を仕切っていた時代には、それ相応の楽しみもし、多少は贅沢もしたので借金もあったが、親の死で家督を相続して定まった金額の資産が手に入り、借金返済を強要する者もいないので、資産が目減りすることもなく、いわば、遺い得といった状態だった。先代親方は、そういう人生を送り、果報者として生涯を閉じたのだ。今の親方と先代の親方、どちらの生き方が正しいのか。教えてほしい。

【答】　大ざっぱにいうと、人に仕える者は、身分の上下に関係なく、臣である。臣たる者は、物事の善悪や是非を多少なりともわきまえる必要がある。天下の御政道は、贅沢や華美に走ることを固く禁じている。まず心得なければならないのは、このことだ。「奢《おご》れる者は久しからず」と俗語にも言い伝えられており、実際、贅沢三昧にふけって流罪《るざい》、追放となった者は後を絶たない。かつて権勢を誇った名家名門で天下国家を滅ぼした者の名を挙げると、中世の平清盛を筆頭に、相模《さがみ》入道（北条高時《たかとき》）らがおり、贅《ぜい》を尽くして国家を破滅させた者は数知れない。中国でも、秦の始皇帝が贅の限りを尽くして天下を失っている。

あなたの先代親方も、贅沢をしたのなら国が定めた法を破っているし、しかも家督を継いでいたという。それが贅沢の始まりだ。お上《かみ》の命令に従うのは、民の常である。たとえ御用商人という身分だからといって、自分勝手に物事を決めることは許されない。ましてや、御用商人より下位の〝市井の臣〟とでもいうべき普通の町人として生まれ、主君の命も知らずに、定まった家督があるなどと思い上がれば、お上をないがしろにする罪人とみなされてしまう。また、借金の返済を迫る者がいないというのも、道理に合わない。

あなたは、今の親方に仕えながら、「あと何年くらい奉公したら、のれん分けを許され、晴れて一家を構えさせてもらえるのだろう」と当てにしていたはず。ところが、思い描いていた時期が来ても、こちらから「お暇をいただきたい」と切り出さない限り、そういうことにはならず、あなたも「これから先、いつまでも使われるとしたら、親方の使い得だ」といって、すましておられなくなった。

このように、わが身に照らし合わせてみると、先代親方のことも今の親方のこともよくわかるはずだ。つまり、あなたがしかるべき独立の時期を待っているように、金を貸した者も、返済期限が来れば利息を加えて返してもらえると思って待つのが普通だ。それなのに、「返してくれ」といってこないからという理由で返さないという法はない。

あなたは、先代親方が借金を返さずに死んだことを幸いだとでも思っているのか。もしそうであれば、それは「僥倖《ぎょうこう》」(思いがけない幸運)という幸いだ。僥倖という名の幸いは、他人の所有物を盗んでも、人を殺しても、その罪を自覚することなく、遁《のが》れることができた者の幸いである。この幸いは、本来、望んではいけない種類の幸いなのだ。それなのに、「果報者として生涯を終えた」などと評するのは、いかがなものか。

「騙し取ったら、ただではすまない」と教える歴史的な事例がある。善悪の二例を挙げて説明したい。まず古代中国の例である。堯舜《ぎょうしゅん》は天下を治め、「仁」と「孝」の手本となり、大聖人孔子は「至徳《しとく》」(最高の徳)によって、人としての道を後世に伝えたので、中国はいうに及ばず、わが国にも大きな影響を及ぼしている。一方、盗跖《とうせき》(春秋戦国時代の魯《ろ》の人)は、大泥棒だ。その悪名は今もとどろいており、世の中の人は、この男のことを憎々しく思っている。聖人は、義に背く物品は塵芥《ちりあくた》の類も受け取らない。しかし盗跖は、人の物を平然とかすめ取って、盗っ人としてその名は不朽のものとなった。さて、あなたは、この両者を同じことだといって片づけてしまうというのだろうか。

借りた物は返し、貸した物は返してもらうのは、人の道だ。また、孝悌忠信の「四徳《しとく》」を身につけていて、家業をおろそかにしない。そういうことを「善事《ぜんじ》」といっている。人として進むべき正しい道は、天地の間に明らかである。なのに、あなたの先代親方は、贅沢をし、借りた金を返せと迫ってくる者がいないからといって返さず、それらの借金を抱えたまま死んだというが、それは踏み倒しである。借金を踏み倒すような生き方が、聖人孔子に近いか盗跖に近いかは、改めて考えるまでもない。

そのような不義を行った人を「何ごともなく一生を送った果報者」と思うあなたは、大泥棒の盗跖に与《くみ》する人間だ。一方、今の親方は、倹約に励み、親が残した借金の返済を肩代わりして父の悪名を雪《そそ》いだ。これこそが人の道だ。朱子が『論語集註』（雍也《ようや》篇）で引用した范子《はんし》の註「子は父の悪行を指摘して改めさせ、善行へと導いた。これが孝である」（子は、よく父の過ちを改め、悪を変じて以て美と為す。則ち孝と謂うべきか）は、まさにそれだ。

服装への気配りを忘れるな

【問】そもそも今の親方は、前述したように今時の日雇い人足にも劣るやり方をしている。先代親方は衣類も派手なものを好んだが、今の親方は木綿の綿入れ、帷子《かたびら》（麻の単衣の着物）、小倉帯《こくら》（小倉木綿の丈夫な帯）、高宮羽織《たかみやばおり》（近江の高宮の紙で作った紙子羽織《かみこばおり》）といった質素な服装が好きだ。このことはどうだろうか。

【答】その質問に答える前に指摘しておきたいのは、あなたの心には大きな奢りがあるということだ。同じ下々《しもじも》の身分という点は共通しているのに、自分は日雇い人足とは違うと思い上がっている。つまり、日雇い人足を卑下し、自分の方が上だとする奢りがある。農工商は、どれも下々の身分で同列だ。日雇い人足と私たちの間にどれほどの違いがあるというのか。それなのに、日雇いの連中が卑しいように映るのは、心が狭いからだ。今の親方は、知性があって、自分を奢ることがなく、目上の人に対しては畏敬し、へりくだるという、世にもまれな人物と見た。

貴賤の区別をわきまえるのは、「礼」である。およそ衣服は、羽二重《はぶたえ》が最上等であり、その羽二重から最下等の木綿に至るまでに、どれくらいの種類があるだろうか。貴賤の階級はお上《かみ》から地下人《じげにん》（庶民）にまで数えきれないくらいあるが、衣服の方は細かく分類してもせいぜい十段階程度しかない。身分に合わせて衣類を分類すると下々の者は薦《こも》（むしろ）を着てもかまわないのだが、実際にはそうもいかないから木綿を普段着とし、暮らし向きが豊かな者は、祝いごとがある日などは農工商ともに絹や紬《つむぎ》くらいまでは使っている。そういうやり方を人々はありがたく思い、逆らうこともなく習慣として守りながら、自分自身の卑しさをよく自覚して区別をはっきりさせているのは敬服に値する。

そういうことなので、親方が木綿を着用しているのであれば、あなたも、日常は洗いざらしの継ぎのあたった木綿の衣類を着るべきであろう。しかしあなたは、それをまるで異形の服装のようにいう。孟子は、このような礼法に適った服装を大聖人堯《ぎょう》王の服とし、礼法に背いて分を超える大悪無道《だいあくぶどう》の服装を桀《けつ》王の服装とする例を引いて、孝悌の道を説いた。あなたがいっていることは、それと異なっているのではないか。

従業員の仕事を経営者がやってよいのか

【問】では、親方が時折、他家の普請を手伝ったり、手代の仕事を代わりにやったりしている点は、どうなのか。

【答】質問内容から推察するに、親方の心くばりは至極もっともなことだ。あなたは日常のことはよくわかっているが、異変に対する備えができていない。格式が定まっている武家を参考にすることだ。天下泰平の世ではあるが、戦に対する備えを怠らないのが、武士としての日々の心得である。中国では狩りをして武芸の腕を磨く。日本でも、家業に必要な技を修得するのは人として当たり前のこと。商家の場合、手代が何人いても頼りにはならない。もし手代が一人もいなくなったら、そのときは家業をたたむというのなら話は別だが。家業のことをよく理解していなければ、商売がうまく立ちいくはずがない。

『孟子』（滕文公上篇《とうぶんこう》）に「禹《う》（堯舜の二帝に仕え、治水事業に功績のあった偉人）は、水を治め、農事を教える職務にかかりっきりになった八年のうち、家の前を通りかかったことが三度あったが、一度も家に入らなかった」（禹外にあること八年、三たび其《そ》の門を過《す》ぐれども入らず）とある。禹は、そのとき国中で起こっていた洪水を治めていたのだ。自分に課された職分に努め、励むということは、こういうことをいうのである。その点、あなたの今の親方は、自分の職分をおろそかにしてはいない。聖人の道がよくわかっている人なのだ。

※禹は一度も家に入らなかった　『孟子』の「離婁下篇《りろう》」にも「禹・稷《しょく》は平世《へいせい》に当たりて、三たび其の門を過ぐれども入らず。孔子之《これ》を賢とせり」とある。

算盤勘定に精通せよ

【問】親方は、算盤勘定に細かい人で、蓄財することを好み、散財することは嫌いだ。

着飾って身ぎれいにする奉公人は気に入らず、倹約して見苦しい恰好をした者を歓迎するが、その一方では、気に入らないといって給金を下げる場合もあれば、下げない場合もある。このように辻褄《つじつま》が合わないことは、どう考えたらよいのか。

【答】 あなたの親方は世間のお手本となるべき人だと、つくづく感心する。一般に、下々の者はいうに及ばず、軍勢二万騎を率いるような大将であっても、「戦術」という算盤勘定にうとくては攻守にも陣立てにも失敗するだろう。そもそも、商売人たる者、算盤もわからずに何で計算するというのか。奉公人を雇い入れるにしても、「この手代の給金は金十両（約八十万円）、こちらは金五両（約四十万円）、この下男には銀百匁《もんめ》（約八千円）、あの下男には銀五十匁（約四千円）というように、人によって支払う金額が変わってくる。雇ってからは、働きぶりを見て、仕事がよくできる者には給金を増やさないといけない。人を見る目があれば、雇った者の中から手代になる者が何人も育つだろう。

『中庸』（第十章）に「忠と信に励む家臣は、俸禄を多くして厚遇するようにすると、喜んで自分の職分に精勤するはずだ」（忠信にして禄を重くするは、士を勧《すす》むる所以《ゆえん》なり）とある。これぞ、誠意ある君主の家臣育成法というものだ。この教えに背いてはいけない。

昔の中国で、項羽《こうう》が人を使う際に、功のあった家臣に対しては国の領主に封じるべきところを、吝《けち》って俸禄を与えなかった。その結果、やがて漢の高祖《こうそ》（劉邦《りゅうほう》）に滅ぼされるのである。家臣が項羽に怨みを抱いて心変わりし、高祖の家臣となって、それまでと打って変わって敵対したのである。この出来事は、君主が「功」と「禄」の計算を知らなかったところに端を発している。たとえ項羽に無礼があったとしても、高祖のもとへ走るのは臣の道ではない。不忠者（忠義に背いた者）に対しても、仁によって忠臣のように使いこなすのが君の道である。

そういう視点に立って、あなたの親方を判定すると、義理を感じて支払わなければならない給金などは、きちんと支払っているし、売掛金もよく集金しており、支払っては集金し、集金しては支払っている。この二つのことが義に適った形で正しく行われるなら、それが家であれ、国家であれ、うまく治めることは決して難しくはないはずだ。

奉公人も、倹約を心がける者は、給金が貯まっていけば、主人の恩を知ることになる。しかし、奢る者は、給金や鼻紙代（小遣い銭）だけでは足らなくなる。そこで、足りない分をちょろまかすなどして要領よく使うようになり、「何年勤めても、うちの主人に対して勤めがいを感じない」と愚痴ったりもする。

あなたの親方は、実はそういうことに気づいているのだ。それでも給金を削りもせず、見苦しい服装を目にしても、むしろ喜んでいる。そのように誠の道を尽くして人を使うなら、忠義な奉公人を求められる機会も多くなるだろう。

『論語』（里仁篇《りじんへん》）に「倹約する者は失うものが少ない」（子曰く、約《やく》を以て之《これ》を失う者は鮮《すくな》し）、転じて「控えめな者は、失敗することが少ない」とある。倹約して慎ましく暮らす者が好感をもたれるのは、もっともなことなのだ。国家を治めるのも、倹約が基本ではないのか。たとえ国に財産があっても、善人（優秀な人材）を獲得できなければ、どうやって国を治めたらいいのかが読めない。

※項羽　劉邦とともに秦を滅ぼして楚王となる秦末の英雄だが、垓下《がいか》の戦いで劉邦に敗れ、自殺。

困窮者への融資や施しはどうあるべきか

【問】　先年（享保十七年）の大飢饉で大勢の人が困窮する事態に直面したが、そのとき親方は、親戚中は無論のこと、すでに独立して一家を構えている元手代や現役の手代たちにまで米穀を調達する資金を貸し与え、「返すのは、明年以降で構わない」といっている。

そのとき借金をした者の中には、その後、「何とかやりくりできるようになったので、今日から利息も加えて返済したい」と申し出た者もあったが、親方は利息を取らずに元金だけを返してもらい、その金を家の中に置きっぱなしにし、そのそばに金庫番のように座って、いつものように仕事をしている。損徳を度外視した、このような親方のやり方を、どう考えたらいいのか。

【答】　実に興味深い話だ。親戚筋や手代連中は、先代親方が借りた金を返さずに贅沢をすることに使ったのを見習ってしまい、いざというときのために貯えるということを知らない。親方は、そのことを気づかせるために、急いで借金を取りたてたように思える。付記するなら、貸したものを返してもらう権利は昔も今も法的に認められている。

孟子（『孟子』万章上篇《ばんしょう》）は、伊尹《いいん》を例に引いて、こういっている。

「義に背いたり、道に外れたりしていると思ったら、草一本たりとも人に与えず、受け取ることもなかった」（その義にあらず。その道にあらざればなり。一介《いっかい》をも以て人に與《あた》えず。一介をも以て諸《これ》を人に取らず）

心が正しい親方は、金を貸したり取り立てたりすることに何の思惑もないのではないか。他人が不義の道に足を踏み入れようとするのを、親方は救済したかったのではないか。

※伊尹　伊尹は、殷の湯王《とうおう》から仕官せよと請われたとき、暴虐な夏《か》王を討つべしと説いた。宰相となって、湯王を偉大な君主にした。

【問】　そんなことがあったかと思えば、出入りの商人など、これといった縁もゆかりもない者に対しても、親方は米穀をたくさん施している。しかし、施しを受けた者は誰一人として礼をいいに来なかった。それでも親方は、どうということもない様子だった。「早い話が、やり損だ」と告げる者がいると、「いや、物を施すのは、礼を期待してのことではない。そのつもりでやったのだ」と親方は返す。よくわからないのは、そういいながらも、その吝《けち》っぷりといったらなく、まるで虱《しらみ》の皮も千枚に剝《は》ぐと思えるほどなのだ。どういう風に解釈したらよいものか。

【答】 それは、それは、ますますもって感心する次第。というのも、金は天下の回り物だ。察するに、人にはお互いに助け合う役割が必要だ、と親方は考えているのではないか。だからこそ、困窮した人たちに救いの手をさしのべるのだろう。救われた人たちから「ありがたい」と心から礼をいわれようがいわれまいが、親方には関係ないのだ。親方が他人をいたわる気持ちは、聖人でもここまではできないと思えるくらいだ。

孟子（『孟子』梁恵王上篇《りょうけいおう》）は、いっている。「庶民は、一定の収入や資産がないと心が安定しない」（民の若《ごと》きは、則ち恒産《こうさん》なければ、因《より》て恒心《こうしん》なし）と。民に知恵がないのは、ごく普通だ。その愚かしさをわかったうえで、「自分の慈悲が相手に伝わっていなくても、それを嫌だとは思わずに、他人の不安の種を取り除くのが自分の役割だ」と親方は考えているようだ。よく貯え、よく施している今の親方が学問好きだという話は耳にしていないが、もし仮に書物から一字も学んでいないとしても、「この人こそ、真の学者」というべきだろう。

人にとって肝要なことは、「天地が万物を生む」という道理をまず理解し、その道理を自分の心にできるなら、人格が磨かれ、人間として大きくなれる。

『孟子』（尽心上篇《じんしん》）に、こんな言葉がある。

「君子が天から授かった本性は、天下に盛んに行われたとしても、本来あるべきものに比べて増えるものではない。また、困窮したとしても、これまた減るものではない。本分が初めから決まっているからだ」（君子の性とする所は、大いに行わる（る）と雖《いえど》も加わらず。窮居《きゅうきょ》すと雖も損せず。分定《ぶんさだ》まる（が）故なり）

この観点に立てば、人は貴賤に関係なく、誰もが「天の霊」（天の持つ神秘的な尊さ）を備えているのである。困窮した人が、たとえ一人でも飢えて死に至るようなことがあれば、それは天の霊を殺すのと同じことになる。だからこそ、聖人は、民を養うことを根本とするのだ。飢饉が起きた年には、そういう考え方をし、お上が飢えた人々を救済するので、あなたの親方も、お上の施策にならって、そのようにしたのである。その立派な志は、誰もが見習いたいものだ。

吉礼は倹約、喪礼は哀悼

【問】　次は、親戚で祝い事があった際の進物のやり取りについて伺いたい。親方は、進物を従来の三分の一に減らし、七日かけていた法事は三日に減らし、その一方で、一日だった物忌みを三日に増やし、僧侶に出す食事もそれまでの五十人分から二十人分に減らし、米一石だったお寺へのお布施は、逆に三石に増やしている。このことはどう考えたらよいのだろう。

【答】　分相応ということをよくわきまえ、天を畏敬する志は、なかなかできないことだ。贈答品を減らし、法事の日数を減らし、集める僧侶の数を減らしたのは、親方が自分の分限をよくわきまえているからにほかならない。法事のときに身を潔斎して敬虔な気持ちになることは礼に適っている。布施米（お布施の米）の量を増やして人を救うのは、「仁の施し」というものである。増減を知ることは、総じて「智」である。親方が「智」「仁」の心を実によく尽くしている様子は、たいしたものだと感心するしかない。

孔子（『論語』八佾篇《はちいつ》）も、こういっている。

「礼の本質は、吉礼（めでたい儀礼）では贅沢に走らず、倹約せよ。喪礼（喪中の礼法）では、儀式にこだわらず、心底から哀悼の意をつくせ」（礼は、其の奢《おご》らんよりは寧《むし》ろ倹《けん》せよ。喪《そう》は、それを易《おさ》めんよりは寧ろ戚《いた》めよ）

ところで、さきほどの五十人前の僧侶の食事を二十人前に減らしたという話だが、そこまでしたのは、ちょっとやりすぎかもしれない。

法事はどう仕切るべきか

【問】法事に招く僧侶は、少しでも多い方がよいのではないか。減らす理由は何か。

【答】このテーマに似つかわしい例ではないが、あなたが理解しやすいような端的な例で説明したい。あなたも、生まれたときは、赤ん坊と呼ばれていた。続いて、命名され、次郎とか太郎とか呼ばれることになる。あなたの今の名は、成人してからつけられた。年をとれば、僧形となって法名をつけることになる。その時々の名を呼べば、返事をする。では、お尋ねするが、その名は実名か仮名か。

【問】人は名がついて生まれてくるのではない。したがって、名前はまず仮のものだ。

【答】それでは、唐突ではあるが、あなたを「盗っ人」といったら、どう思う。

【問】盗っ人といわれたら世渡りできなくなる。だから、怒る。

【答】「善人」といったら、どうか。

【問】私は善いことはしていないが、褒められて悪い気はしない。

【答】盗っ人といい、善人という。どちらも仮の名で、外からつけた名である。それなのに、どうして人は怒ったり喜んだりすると思うか。

【問】どちらも一時的に呼ばれる仮名《かめい》（仮称）かもしれないが、自分に深くかかわってくるので、実名のようなものだ。盗っ人といわれると、思わず怒ってしまう。

【答】では、尋ねたい。あなたが爪を切って捨てるとして、その爪の中に爪という名はあるだろうか。また、あなたが体のどこかを切り裂いたとして、そこを覗いてみたら、あなたの名はあるだろうか。

【問】爪を切ったり身を切ったりしても、そこに名があるはずもない。

【答】そのとおりだ。爪を切り、身を切っても、そこには名はない。形は爪だが、名は即ちあなただ。神という名はそのまま神として通じ、その名以外に呼び名はない。よって、人の先祖は、両親であれ祖父母であれ、法名をつけて呼ぶと、それが即、両親となり祖父母となるのだ。ところで、あなたは祭りや節句に招かれて出かけるとき、先方の夫婦に求めるのは、機嫌のよさか、それとも、機嫌は悪くても立派な料理をふるまわれることか。

※注「形は爪だが、名は即ちあなただ」と現代語訳した原文は「形は土なり名は則汝なり」となっているが、これだとどう考えても意味不明。「つめ」を「つち」と聞き違えて漢字に当てたことで「土」となったのではないか。陰陽五行説の「土」とする解釈もあるが、脈絡がなく、唐突な飛躍論である。

【問】料理は粗末でも、亭主の機嫌がよい方がいい。

【答】先代親方は、派手な法要を営んだと聞いた。それは本当か。

【問】信心が篤いので、仏事は大がかりにやっていた。

【答】法事のときは、いつも機嫌よく喜んでお務めしていたか。

【問】大勢の来客を粗末に扱わないように心くばりをし、下々の者の手まわしがよくないといって、台所にいる者を叱りまくっていた。

【答】雇い人などへも法事の心づけを渡したのか。

【問】なにしろ大勢の僧侶がいたので、お布施だけで、それ以外の心づけはしていない。その点、今の親方は、先代とは違ってお布施は従来の格式以上にし、世間一般のやり方とも一線を画し、出入りの働き手にも雇い賃以外にさらに心づけを渡すなど、無益とも思える出費があった。

【答】ところで、先代親方は叱りまくったということだが、法事の最中に腹立たしい出来事でも起こったということなのか。

【問】いや、そういうことではない。僧侶だけでも五、六十人も招かれていたので、台所の方の人手が足らず、料理などが遅れたために親方も気がせいて、自ら叱りつけたという次第。そういう場面もあるにはあったが、立派な法事が営まれた。

【答】法事での仏前へのお供え物は、親方が自分でやったのか。

【問】いいえ、親方はそれ以外の世話に忙殺され、そこまで手が回らなかった。

【答】座敷で出す膳とか引き菓子などは、自ら用意したのか。

【問】几帳面な性格なので、その点は、大事な客の分は、全部自分で用意していた。

【答】最前の話に戻るが、あなたは親方の機嫌が悪いときに呼ばれても、行くのは嫌だと返事をしたのではないか。すべてのことは、自分の身に当てはめて類推しなければならない。法事の一番の来客は、親や祖父である。しかし、そちらへは顔も出さず、配膳も他人に任せっきりにし、親や祖父が相伴してきた人たちに御馳走したのだが、そういうやり方は、礼法をはずれている。そのような扱いをするところへ、ご先祖がやってきて、供えられた食べ物を喜んで口にされるだろうか。もし来ることがあっても、快くは思わないだろう。ご先祖が快いと思わないことをして孝行な法事といえるだろうか。

【問】ご先祖は、もはや仏なので、そうしても構わないのではないか。

【答】さきほどあなたは、名は実体だといった。仏前に戒名を書いた位牌が置かれていたら、それがご先祖そのものなのだ。神仏も名を祭り、ご先祖も名を祭る。「名」はそのまま「体」を表す。体とは、即ち「心」である。孔子（『論語』八佾《はちいつ》篇）もそういう考えに立ち、「神の祭り方は、そこに神がましますようにし、自分自身が直接かかわらないなら、祭らないのと同じだ」（神を祭ること在《おわ》すが如く、吾《わ》が祭りに與《あず》からざれば、祭らざる如し）と諭している。つまり、供え物なども自分自身の手で行い、誰かに代わりはさせないといっている。

祭りとは、今も広く行われている法要のことだ。孔子には大聖人の徳が備わっており、ご先祖の祭礼を行う前には必ず髪を洗い、入浴して心を整え、体を清めたのである。ご先祖の祭礼では、こちらが誠を尽くせば、霊がやってきて、供えた食べ物を受け入れる。だが、誠を尽くさないと霊はやってこない。誠を尽くさない祭礼なら、やる意味はないということだ。

そういうわけで、今日でも法事を行うときには、ただ孝行することを主眼とすべきなのだ。しかし、あなたの先代親方は、大勢の僧侶を招いたことで、彼らの接待に手間ひまをとられたうえ、台所に人手が少なかったために細かいところまで手が回らず、仏前で果たすべき本来の務めを他人に任せておいたのだが、それで、孔子の教えにあるような、そこにご先祖がおられるかのようなご馳走といえるだろうか。分不相応にならず、奢侈《しゃし》に走らないのであれば、僧侶の人数が多くても悪くはいわれないのだ。

今の時代の法事のやり方をざっと検証すると、形式や世間体にこだわり、人目につかない台所の方の働き手を倹約している。法事を催す側の人数が少ないのに客は多いとくるから、手が回らなくなる。その結果、親方が腹を立てて怒る場面が多くなってしまったというわけだ。怒った顔でご先祖に接しては、法事にならなくなってしまう。

正しい法事とは、決して心を乱すことなく、穏やかな表情でご先祖に接し、僧侶への僧衣の損じ料も奮発し、お布施にも心くばりをし、出入りの働き手にも気を配る法事であり、法事にかかわった者は誰も彼もが快く感じ、感謝の念を抱く。そんな法事こそ、真の法事といえるだろう。必要な金は、あらかじめ予算を決めておくことだ。

世間体を考えて僧侶を集めるから、お布施を減額せざるをえなくなるなど、本来やらなければならない方面に不足が生じるのである。法事を執り行うことで、人を怒らせ、自分自身も腹を立て、下々の者が手足がすりこぎにでもなったようだと思うくらい酷使し、辛い思いをさせる様子は、何とも哀しいものだ。

将軍家が大きな法事などを行うと、どの藩でも殺生を禁止し、罪人は御赦免《ごしゃめん》（釈放）となる。こうした真の御法事を手本として、分不相応にならないように配慮し、費用はできるだけ倹約し、しかし、必要なところにかける金は減らさず、集まってくる者すべてが快く喜べるようにすれば、ご先祖の霊を弔う本当の法事となるであろう。

招待客への食事を倹約していいのか

【問】　とにもかくにも、今の親方というのは、貧乏をするのが気に入っているかと思えば、財宝を収集し、集めた金銀で衣服などをあつらえ、美食にふけったりするのを楽しむので、贅沢をするのが好きなのかと思いきや、日頃は一汁一菜に香の物ですませている。主な献立は、一日、十五日、二十八日は、鰹《かつお》、膾《なます》に香の物。正月や節句は、鰹、膾、焼いた鰯《いわし》、大根汁に香の物。祭りのときは、瓜、焼いた鱰《しいら》の船場煮《せんばに》、茄子汁《なすじる》に香の物。不意の客があったときは、お茶漬けに香の物。大体、こんな感じだ。

こういう質素な献立なので、招かれてやってきた親戚の人たちは、自分たちの家の格式と大きく異なっていることに驚いてしまって、箸をつけかねることから、節句や神事は寂しくなりがちで、「餓鬼《がき》」だの「吝嗇《りんしょく》」だのと陰口をたたかれ、人間のようにはいわれない始末だ。そういう話を聞くと、気の毒になってくる。このことをどう思うか。

【答】　あなたがいう一家一門に対する世間の誹謗中傷は、手本となるものを知らないのが原因だ。正しい道を守って集める金は、天の命に適っている。天から授かった財産は捨てず、天の命には背かず、倹約を心がけて、礼の根本を守っている。正しい道を行っている者が他人から譏《そし》られるのは、世の習いだ。『孟子』（尽心下篇《じんしん》）に次の一文がある。「孟子曰く、士たる者は、とかく憎まれるもの。『詩経《しきょう》』（邶風柏舟篇《はいふうはくしゅう》）にも、『孔子が多くの小人（つまらぬ連中）に憎まれた』とある」（「孟子曰く、傷《いた》むことなかれ。士は茲《こ》の多口《たこう》に憎まる。詩に云う、『憂心悄々《ゆうしんしょうしょう》、群小《ぐんしょう》に慍《いか》らるる』とは孔子なり」）

このように、聖人の言動は小人のそれとは違っているから、孔子も一般大衆から譏《そし》られたりしたのである。

献立の話に戻るが、あなたの親方が美食を好まないのは、身のほどを知っているということ。世間では、二汁五菜とか二汁七菜とかいっているが、豪勢な料理は下々には不向きだ。お上を頂点とする身分階級で判断すると、あなたの親方が準備した料理は、もう少し贅沢にしてもよかった。とはいえ、親戚筋の人たちが箸をつけようともしなかったのは、身のほどを知らない贅沢者である。

先の大飢饉の年には、あなたの親方から生きていくのに必要な米を調達してもらったおかげで、彼らは飢えと無縁で過ごせたのに、そのことをすっかり忘れ、身のほどもわきまえず、現在は豊かな暮らしをしているからといって、悪口をいうとは、論じる価値さえない所業だ。そのような連中に対しても、人としての道を知らせようと思っている親方は、『孟子』（離婁《りろう》下篇）の「中庸の徳のある者は徳のない者に教え、才能のある者は才能のない者に教える」（中《ちゅう》は不中《ふちゅう》を養い、才は不才を養う）を想起させる「中才《ちゅうさい》の人」（中庸の徳を備え、なおかつ才能もある人）のように思う。

一門の人たちの陰口が耳に入っていながら、それでも広い心で「これを手本にせよ」と懸命に示してみせる姿勢は立派というべきだ。一家の人々が必ずしもそのようにするとは思っていなくても、熱意を込めてやっているのである。その姿は、『論語』（八佾篇）に登場する魯《ろ》の国の季氏《きし》（君主の親戚の陪臣《ばいしん》）が泰山《たいざん》で神を祭る儀式を行ったときの話と重なる。孔子は、弟子の一人で季氏の家臣冉有《ぜんゆう》が、主君の分限を超える祭り方をした行為を正させることは無理だと知りながらも、「冉有よ、おまえは主君の過ちを救えないのか」と、あえて尋ねたという故事である。

人をやる気にさせる法

【問】次は親方の次男坊の話で、いつだったか、親方は、次男坊がこっそり和歌を勉強していると聞いて喜び、何か褒美でもやろうということになり、大きな算盤を三つ与えたことがあった。歌学の褒美に算盤という取り合わせは、まるで木に竹を接《つ》いだようで、親方は何とも見当違いなことをしたものだ。この一件について、聞きたい。

【答】「褒美《ほうび》の心」というものを知らずに笑うあなたの方こそ、見当違いをしていると思う。その次男坊の行状を聞く限りでは、家業のことは何ひとつ努力していないようだ。もっとも色街での遊びにはまだ手を染めていないようだが、謡曲、鼓《つづみ》、歌学にかかずらっているとのこと。そのことで、以前は折に触れて意見をしたとか。だが、あなた方が思うのは「次男坊は、悪所通いはしないし、まわりから若旦那、若旦那と呼ばれる身なのに、やいの、やいのと親からせわし気に小言をいわれたらかえって反発し、都合が悪いのではないか」と大勢の者から口々にいわれて、親方もそれ以後は黙ってしまったというではないか。

「君子は本《もと》を務《つと》む」（君子は物事の根本に力を入れる）と『論語』（学而篇）は強調している。しかし、次男坊は家業にうといといわれるような人物。居場所などないのだ。まずもって不孝である。不孝の罪は、「千種類もある刑罰の枠を超えるくらい重い」と『孝経』にも記されている。次男坊は、家業にうといから悲しまれているのであり、歌を詠むという理由で喜ばれたのではない。親方は、歌学にかこつけて商売の必携具である算盤を褒美として与えたのは、次男坊にそのわけを気づかせようとしたのである。

それをあなた方は、揃いも揃って利口ぶり、頭ふりふり笑っている。「親の子を思う慈悲、至らざる所なし」という『論語』（為政篇）の意味をよく噛みしめてほしい。あなた方の「婦寺《ふじ》の忠」（忠義は尽くすが、教え誨《さと》しはしない忠義）とは、重みの点で比べるべくもない。

※婦寺の忠　『論語』（憲問篇）に「孔子がいった、わが子を真に愛するなら、苦労させることだ。君主に真の忠を尽くすなら、教え導くことだ」（子曰く、之を愛してよく労《ろう》せしむること勿《なか》らんや。忠にして能《よ》く誨《おし》ふること勿《なか》らんや）とある。婦寺の忠は、蘇軾《そしょく》（北栄の詩人・政治家）が使った語で、「愛して苦労させないのは禽獣の愛と同じ、忠義を尽くしても教誨《きょうかい》しないのは婦寺の愛と同じだ」とし、朱子が『論語集註』で引用している。

金の貸し借りの心得

【問】　金銭を借りに来る親戚や手代がいると、親方は、金を貸す、貸さないという話をする前に、「その資産状況から考えて、今いる何人かの家族の生活を維持できないはずはない」といって断っている。しかし、気心が通じ合う相手には、返さないだろうことを知りながらも貸しており、利益というものをまるで無視したようなやり方なのだ。このことの是非を知りたい。

【答】　なるほど。この出来事には親方の深い思慮が感じられる。そう判断したわけは、世間の金の出入りの様子をみるにつけ、たとえ相手が親戚や手代であっても、金を貸す前に「この人物は返すか返さないか」をあれこれ吟味するのが普通である。ところが、あなたの親方は、貸さないと相手の暮らしが立ちいかなくなる理由があると思えば貸し、貸さなくても何とかやっていけると思える理由があれば貸さない。そういう考え方は、親が子を思う心と少しも変わらない。

それにしても、世の中の十人に二、三人でいいから、このような人がいてくれたら、難儀する人は減るだろうに。自分の金と考えず、「自分は、こういうことを仕事とする役人なのだ」と考える親方の志は、まさに世にもまれな人である。誰もが、自分の一族の人たちをそれほどまでに深く思いやることができる親方のような人間になりたいと思うのではなかろうか。孔子（『論語』雍也篇《ようや》）もいっている。「急《きゅう》に周《あまね》くして富めるに継《つ》がず」（困っている者は助けなければならないが、富んでいる者にその必要はない）と。「急に周くする」（「急《とぼしき》を周《すく》うも」と読むこともある）とは、困窮した者を補助してやることである。「富めるに継がず」とは、富裕で余力がある者には補助は必要ないという意味だ。あなたの親方が、欲得感情を離れて金を出して人を救済することは、聖人の意志に通じるものがある。

別の例でいうと、とある田舎のあるところに裕福な人が住んでいた。この人は、親戚に金を貸す場合、借りに来る者全員に貸したが、「返す気があるなら、使ってください。私どもは、金貸しを生業にはしていない。利息はいただかない」といって貸していた。このような太っ腹な人は滅多に見られない。

あなたの親方はどうかというと、相手が資金不足に陥った理由を聞いて、道理が立つ不足なら、いつ返すということは考えずに金を貸した。このやり方は〝合力金《ごうりょくきん》〟と呼ばれる「貸した金を取り返さない方法」と似ており、世の中の飢えた人を救済するものだ。

神の御心に反した行いをするな

【問】お宮やお寺への奉賀《ほうが》（寄進）や建立ごとに関しては、親方は好きではなかったので、来世は何に生まれ変わろうと思っているのか、これまで後世のための善事は何もしていない。とにかく、当世風とは違っている。

【答】 そのように思われているのは、これまでの話から推測すると、親方の信心と合うレベルの神主や僧侶がまわりにいないからではないのか。社寺の建立を嫌がる人のようには思えないのだ。昔を振り返っても、奉賀帳片手に氏子や檀家を回って、嫌がる主人に強引に奉賀を勧め、そうやって集めた金で社寺を建立したような開祖はまずいない。社寺の創建者になるような人物は皆、徳が備わっているので、神道や仏教の指導者になっている。

神の御心を察すると、宇佐《うさ》八幡宮の御神託に「いつもお供えに来る者がおらず、石や鉱物を食することになったとしても、常に心が濁り汚れた者が献上してきたものは受けない」とあったのではないか。それに、慈悲深く素直で正しい心を持った神であっても、氏子の心がこもっていない金を供されて喜ぶはずもない。

伊勢神宮（皇大神宮）の宝勅（神のお告げ）にも、こんなことが記されている。

「私（天照大神）の民が偽りごとや謀《はかりごと》をし、そうすることが善いことだと信じてやったとしても、必ず天の神の逆鱗に触れ、根《ね》の国（死者の国）へと落ちてゆくことになろう。正しい心で行ったことが悪い結果となったとしても、必ずや神の恵みが施されるだろう」

（吾もろもろの蒼人草《あおひとくさ》、いつはり謀《はかり》て、たとへ善と思ふ共《とも》、必ず天《あめ》の尊《みこと》の怒《いかり》を受《うけ》て根の國をもむかん。

正《ただし》き心を持て正悪共《まさにあしくとも》、必ず天の神の恵《めぐみ》あらん）

神が受け入れないのに氏子を苦しめて金を出させるのは、神の御心に反するのではないか。神主になる者は、御神託によって神の御心を知らねばならない。何事も神の御心を知ろうとする徳のあるなしにかかっている。古代中国の夏《か》の国王禹《う》は、有苗《ゆうびょう》（三苗《さんびょう》とも呼ぶ異民族）を征服しようとして送り込んだ軍勢を撤退させて、自国で徳のある政治を行ったところ、その様子を見た有苗は七十日後に降伏したという故事もある。

※**有苗**　『書経』（大禹謨《だいうぼ》）に書かれた「禹王の有苗《ゆうびょう》を征《せい》せしも、師《いくさ》を班《かえ》し、徳を敷くには如《し》かざりき」云々の故事で、『徒然草』（第一七一段）にも引用されている「人は、武力ではなく徳行で動く」という説話。夏は、殷に先立つ実在の王朝（紀元前二〇七〇～一六〇〇年頃）と推定されている。

たった一つの「戒」を破る恐ろしさを知れ

【答（続き）】　物事が成就しがたいときは、わが身を顧みるがいい。恥ずかしいことをしていたと気づく場面も多いはずだ。神に仕えるのは、心を明らかにするためだが、心がよくわからなければ、かえって早々と神罰を受けることになるだろう。

一方、仏教は、「五戒」を守ることで仏の弟子となるのではないか。それに、寺の修復というと、裕福な寺でも、世の中の習慣で、家々へ奉賀帳を出すことがあって、そのときに強引に勧めると檀家が迷惑し、本当は出したくない金を出させることで人を苦しめ傷つけるのは、殺生というもの。もし一つの戒めを破ってしまうと、そこから五戒をすべて破ることにつながる。その証拠を挙げて説明したい。

『阿毘達磨大毘婆沙論《あびだつまだいびばしゃろん》』（僧玄奘《げんじょう》が中国語訳した「仏典の注釈書」）に、一人の在家信者の話が出てくる。

その男は、性格が温厚で頭もよく、「五戒」をいつも守っていた。あるとき、家族に大勢の来客があったために、男は一人で食事をとったところ、料理が塩辛かったので、喉の渇きを覚えた。すると、そこに酒を入れる器が一つ置いてあり、それが水のように見えた。男は喉の渇きに耐えきれず、それを飲んだ。「飲酒《おんじゅ》戒」を破ったのである。そのとき、隣で飼っている鶏が家の中に入ってきた。男はこれを捕らえ、殺して食べた。「殺生戒」と「偸盗《ちゅうとう》戒」を破ったのだが、そこへ隣の娘が鶏を探しにきた。男は娘に迫り、犯してしまった。「邪淫戒」を破ったのである。隣家は激怒し、役人に訴えた。しかし男は、抵抗し、争って「妄語戒」を破った。

このように、「一戒」を犯したのが発端となって、「五戒」のすべてをことごとく連鎖的に破ってしまって、仏の罪人となるのである。しかし、仏心（慈悲深い仏の心）を悟れば、たとえ奉賀を勧めることがあっても、勧め方をどうするかということが、そのまま教えとなるのだ。――神道・仏教ともに、こんなふうである。

昔は、正しい道を知って徳を積んだ人に接して人々が感じ入り、懇願して社寺を建立してもらったように思われる。そのことを考えるなら、今日でも、道を悟った徳のある神主や僧侶が人々を教え導き、商家の旦那衆もその人から教えを受けることで心が安楽になり、生死にかかわる疑念も消え去るというのなら、神主や僧侶が奉賀帳を出さなくても、どんな社《やしろ》や堂宇《どうう》でも建てられるはずだ。昔も今も、人の心は天の命に従っている。どんなに時代が移ろうと、そのことは少しも変わっていないのである。

社寺に奉賀する人に、たとえ髪の毛一本ほどであっても私心や私欲が宿っていると、その人は不義を犯している類とみなされる。あなたの親方に正しい心が備わっているなら、そのような不義に加担することはないだろう。奉賀をするかしないかといった問題ではなく、ただ不義に肩入れはしないというだけのことだ。死後、自分が何に生まれ変わりたいと願う心はあるはずもない。その点、親方は、その日その日に「義」をつ尽くし、明日のことは天命にゆだねる志かと思える。

孟子（『孟子』尽心上篇）は、「生まれてくるのも天任せ、死んで土に還るのもまた天任せだ。その人生の間、私意（自分の思惑）を差し挟まないようにするだけだ」（夭寿貳《ようじゅたが》わず、身を修《おさ》めて以て之を俟《ま》つ）といっている。それが今の時代にも通用するはずなのに、多くの人々が正しい枠から飛び出して、聖人の教えと違ったことをしている。そういう風潮の中で、あなたの今の親方は聖人の教えをよく守っている人である。

「仁愛の心」がある経営者か否か

【問】『中庸』（第十四章）に「君子は、夷狄《いてき》（中国周辺の異民族）に素《そ》しては夷狄に行ひ」とある。『論語』（八佾《はちいつ》篇）には「君子は争う所なし」とある。ところが親方は、親戚の一家とはことごとく争い逆らっている。これはどういうことか。

【答】あなたは経書をよく読んでいるようだが、少しも道理を理解できていないようだ。「程子《ていし》（宋代の儒者程顥《ていこう》・程頤《ていい》兄弟）は、十七、八歳の頃から『論語』を読んだ。当時、すでに文意を理解していた」（吾十七八より論語を讀《よ》む。當時已《そのかみすで》に文義《ぶんぎ》を曉《さと》る）と朱子が『論語集註』（序説）に記しているが、書物を読むことは、そこに記されたことを自分の血肉に変えるためである。

君子が「夷狄に入っては夷狄に従う」といったのは、「夷狄《いてき》の法に背くことなく、しかも道に適うようにすべきだ」という論旨である。また、「君子は争う所なし」といったのは、「義に背いて人と争ってはならない」という意味であり、「義によって他の不義を正す」ことはあってしかるべきなのである。即ち、湯王《とう》（周王朝の創始者）は、義によって悪名高かった夏の桀王《けつ》を伊尹《いいん》（宰相）に命じて討伐し、南巣《なんそう》（現在の安徽省《あんき》）へ追放している。この出来事も、自分に義があって争った歴史的証拠といえる。

その点、あなたの今の親方は、天下の法に背かずに義によって事を行ったから、「法に背いて豪奢な生活を送っていた不義の者と対立し、戦った」ということになる。しかし、親戚筋はもとより末席の手代に至るまで、誰一人として親方の肩を持とうとする様子は見られなかった。そんな状況ではあったが、親方は惣領家《そうりょうけ》（本家の跡取り）という立場を重く考え、「物事の根本を正し、奢侈を退け、倹約を守ることで、礼儀の根本とは何であるかということを知らせたい」との配慮から、末席手代でも見捨てることなく面倒をみているのである。敬服の至りというほかない。そのような道に正しい人が、本家にいるのは一家一族の宝というべきであろう。

こうしたことの意義がわからないようでは、せっかく宝の山に分け入りながら手ぶらで下山するようなものである。それくらい徳がある親方が、世間に広く知られていないのはどういうことか。親戚や家内の人々は、それに気づかないだけでなく、「不義によって義を負かそう」と考えるのは間違っている。

あなたも、賢明で徳のある親方の「仁愛の心」に気づいておらず、見当違いの悪口をいう連中に同調し、親方を譏《そし》り、非難している。だがそれは、あなたの愚かさがさせることなので、親方は寛容な心でずっと許してきたのだ。あなたも、そのような広い心を身につけ、今後はこれまでのような過ちを悔い改め、親方に忠義を尽くすようにするとよい。それにしても、たくさんいる人たちの中にそうした徳のある親方の味方をし、助けようとする者がいないというのは、何とも残念で悲しむべきことだ。

世間と上手に付き合うには

――先の客が退室後、同席していた別の客が口を開いた。

【問】 最前から問答を聞いていて思ったのは、あなたがいうことは、それなりに筋が通っており、正しい道に背くような意見もなかった。しかし、今という時代を知らないと感じるところもある。時代錯誤に陥ってしまっては、世間との意思疎通に支障が生じる。世間との交流を欠いては人の道とはいえまい。大聖人孔子（『論語』微子《びし》篇）も、「鳥獣とともに暮らすことはできない。人の仲間と暮らさないで誰と暮らせというのか」（夫子憮然として曰く、鳥獣と與《とも》に群《ぐん》を同じくすべからず。吾斯《こ》の人の徒《と》と與に非ずして誰と與《とも》にかせん）といい、人たる者の交わりを断つことを悲しんだというではないか。

さきほどの客は、先代の親方が他人から借りた金を返さずに死んでしまったことを評して「果報者として生涯を終えた」といっていたが、それは大変な間違いだ。今の親方のやり方が、たとえ現行の法に抵触していなくても、一般の人とは違った行いをして世間との接触を断つということは、これまた、一見よさそうに思えるが、実はよくない。中庸を重んじる観点に立つなら、一方は行き過ぎ、もう一方は届かずで、双方ともに標準とはいえない。その両者の行いの中間となる行いをすれば、うまくいくのではないか。

着物でいうと、木綿の布子《ぬのこ》（綿入れ）に生布《きぬの》（織ったままで晒していない布）の帷子《かたびら》、高宮羽織という服装は、世間の標準まで届いていない。そう考えると、すぐさま世間と付き合うことは期待できない。そういう世間並みとはいえない状況にある人をあなたが高く評価するのは、どういうわけか。

【答】あなたがいうように、人の道を断つことは大きな罪である。私がいっているのは、「人倫」という人の道に関してのみである。孔子は、あなたがいうように、「鳥獣と群れを同じにはできない」といった。今の世の中は道がすっかり廃《すた》れてしまっているが、大聖人がいおうとしたことの意味は、人と交わり、乱れている倫理を正し、古《いにしえ》の道に戻そうということである。しかし、あなたは、無道《ぶどう》の人を正すことができず、ただ人と交わることができたらそれで十分と考えているわけだが、それは間違っている。礼をわきまえてこそ人である。ただし、礼だけ心がけても人倫とはいえないのだ。

『孟子』（尽心上篇）に、こんな言葉が出てくる。

「食べるものを与えても、愛する心がなければ、それは豚として接しているのと同じだ。愛しても相手を敬う心がなければ、それは家畜として飼育しているのと同じことなのだ」

（食《やしな》いて愛せざるは、之を豕として交わるなり。愛して敬せざるは、之を獣《けもの》として畜《やしな》うなり）

つまり、この言葉こそ、礼を欠いては人と交わったことにはならないという証拠といえるだろう。冬場の木綿の布子《ぬのこ》や夏場の単衣《ひとえ》の生布《きぬの》の帷子《かたびら》は、身分の上下によって決まりがあり、違法ではなく、いずれも礼に適っている。一例を挙げて説明する。ここに、主君を討たれた家臣がたくさんいると仮定しよう。そういう場合、心を一つにして仇討《あだうち》をするのが武士道である。しかし、各人の心が同じでないときは、「大勢の者が仇討という以上、その意見に従うしかない」といって、主君の仇敵を見逃し、武士道を捨てられるだろうか。大勢の意見に逆らってでも、仇敵を討つ。それが武士というものだ。今日の世間との交わりも、それと同じ。たとえ譏《そし》る者がいたとしても、どうして上下の礼を乱すことができよう。

わかりやすい話をすると、加賀絹《かがぎぬ》は羽二重に似ているし、紬《つむぎ》は木綿に似ているので、聖人の教えを知っている者は、お上《かみ》を恐れ、紬を着ることで身分の上下に対する礼を尊重したということだ。これに対し、聖人の教えを知らない者は、加賀絹を着て身分を超えてしまい、法が定めた貴賤尊卑の礼を乱し、思いもよらず罪人にされてしまうことがある。これなど、聖人の教えに無知であったがために招いた結果というほかない。

聖人の教えを理解すれば、世間との交わりを断つこともなく、豪奢な暮らしにふけることもせず、常にへりくだった態度で人と接することになるので、憎まれることもなく、気軽に付き合うことができる。一方、教えを知らない者が、資産を多く持っていると、身のほどをわきまえず、居丈高にふるまったりするので、世間の人は憎しみをつのらせ、表立っては普通に接しているが、心はいつも離れている。

古式に則るのが礼

【答（続き）】『論語』（子路篇）は、こう諭している。

「君子は、心が広く、どっしりと構えていて威張らないが、つまらない人間は、心が狭く威張り散らし、落ち着きがない」（子曰く、君子は泰《ゆたか》にして驕《おご》らず、小人は驕り泰ならず）

総じていえることは、奢《おご》り高ぶっている者が落ちぶれて貧しくなると、恥知らずになり、盗みにまで手を染める者も出てくる。しかし、身のほどを知って倹約しているようなら、礼法にも適っており、安心できる。

孔子（『論語』子罕《しかん》篇）は、こうもいっている。

「麻の細い糸でこしらえた冠をかぶるのは、古式にのっとった本式の礼である。だが今は、白い絹糸で織った手軽なものを一般に冠として用いており、倹約している。私は、一般大衆のものを用いよう。臣下が昇殿を許され、堂上《どうじょう》（建物の床の上）で主君に拝謁するときは、堂下《どうげ》（階下）でまず敬礼をするのが礼である。しかし今は、古の礼式を破り、堂上に昇殿して拝謁するが、これは実は無礼なことなのである。私は、一般大衆のやり方と異なっても、堂下で拝謁する礼をとりたい」（麻冕《まべん》は礼なり。今や純《いと》は倹《けん》なり。吾は衆に従わん。下《しも》に拝するは礼なり。今上《かみ》に拝するは泰《たい》なるなり。衆に違うと雖《いえど》も、吾は下に従わん）

孔子がいっているのは、君主が世の中に対するとき、旧礼に反することでも義に背いていなければ、世間で広く行われていることを取り入れてもかまわないが、義に背くようなことを取り入れるのは許されないということ。奢侈《しゃし》ほど害が大きいものはないのだ。

ところで、天地が冬になると植物が枯れてしまうのは、春になったら伸びようとする前兆である。聖人が倹約を根本とし、奢侈を退けるのは、日頃から金を備蓄しておいて、凶作の年などの非常時に施そうという考えからだ。倹約するのは民のためであると知らなければならない。下々の者で一家の長たる者は、そういったことを手本として、どの親戚もわが家のように思って、彼らが困難な状況に直面したら救いの手をさしのべるのが自分の役目だと考えるようにすれば、平生から倹約以外のことに心が向かうはずはない。

吝《けち》ることが倹約ではない

【答（続き）】 倹約を吝《けち》ることだと誤解してはならない。聖人のいう倹約は、奢りを退けて礼法に従うことである。先刻の客がいっていた今の親方の行いは、どれもこれも礼法に適っている。一般的にいって、聖人の行いに合致しているようなら、その行いは「中庸」と判断できる。

しかしあなたは、善悪を吟味することなく、「中間」をとるべきだと主張する。善悪を検討しないで両者の「真ん中」をとるのは、孟子の言葉を借りると「一つのことにこだわって、それ以外の多くの大事なことをおろそかにしてしまう」（一を挙げて百を廃す）。これは、その時々の行いが中《ちゅう》を得ていることの障害となる「時（の）中を害す」ということだ。孟子は、「一つの考えだけに固執して融通が利かないことを嫌うと、正しい中庸の道を損なう」として個人主義説の楊朱《ようしゅ》や博愛主義説の墨翟《ぼくよう》を批判し、『孟子』（尽心上篇）で「子莫《しばく》は中《ちゅう》をとった」（子莫は中を執《と》る）といっているのがそれだ。

先客がいっていた今の親方の行いを注意深く観察してみる必要がある。その行いには、一つとして自分勝手なところはなく、親戚から手代に至るまで、子を思う親のように接している。古の聖人は、民をわが子のように思って政治を行ったが、それと比べると、スケールが大きいか小さいかの違いはあるが、志は同じである。

そういうことに気づかないで、ただ単純に親方を世間の人と異なっていると考えるのは、大きな間違いである。世の中の裕福な連中が、困っている自分の親戚の者をそれぞれ引き受けて世話をするようにすれば、飢えるところまで行く者はいなくなるだろうに、逆にそういう道のある人を批判したり、あざけったりするのは寂しいことではないか。
※時（の）中を害す　朱子は『孟子集註』で「執中《しっちゅう》は時中《じちゅう》を害《そこな》う」と解釈している。朱子は子莫を「魯の賢人」と呼んだ。

或る人、天地開闢《かいびゃく》の説を譏《そし》るの段

『日本書紀』の「天地開闢」が教える真実

【問（ある人）】『日本書紀』の「神代巻《じんだいのまき》」に、こんな一説がある。

「遠い昔、天地がまだ分かれず、陰陽の区別もなく、卵のように混沌とした状態の中に、ぼんやりとした芽が含まれていた。その清らかで明るいものが、（たなびいて）天となり、重く濁ったものは（滞って）地となるに及んで、（軽く精妙な方は集まりやすく、重く濁っている方は固まりにくかった。その後）その中に神が誕生する。（天地開闢の最初は、洲のような土が浮かび漂っていた、その様子を喩えていうなら、泳いでいる魚が水面に浮かんだようだった）そのとき、天地の中に何かが一つ誕生した。それは、葦の芽のような形をしていた。それが即ち神に化身し、國常立尊《くに(の)とこたち》と名乗った」（『都鄙問答』は、カッコ内を省略して引用している）

これは怪しげな説である。天地がまだ開ける前のこの世に、誰か人が生まれていて、それから数百億年も長生きして、見てきたことを後の世の人に伝えたのだろうか。もし伝えていないのであれば、もともとその跡形《あとかた》すら知られていない話であるから、実に奇怪な説というしかないではないか。あなたは、どのように理解しておられるのか。

※『日本書紀』「神代巻」の原文　古《いにしえ》、天地《あめつち》未だ剖《わか》れず、陰陽《めお》分《わか》れずあるとき、渾沌《まろかれ》《むらかれ》たること鶏子《とりのこ》の如く、溟涬《くゝも》りて牙《きざし》（芽）を含めり。其《そ》の清《す》み陽《あきらか》なるものは、（薄靡《たなび》きて）天《あめ》となり、重く濁（れ）るものは（淹滞《つづ》きて）地《つち》となるに及びて、（精《くわ》しく妙なるが合へるは摶《あを》ぎ易く、重く濁れるが凝《こ》りたるは場《かたま》り難し。故《か》れ天《あめ》先づ成りて地《つち》後に定まる。然《しこう》して後、）神聖《かみ》其の中に生《あ》れます。（故《か》れ曰く、開闢之初《あめつちのひらくるはじめ》に、洲壌《くにつち》の浮び漂へること、譬《たとえ》へば猶游《なおあそ》ぶ魚の水の上に浮《うか》べるが猶《ごと》し。）時に天地《あめつち》の中に一物《ひとつのもの》生れり、状《かたち》葦牙《あしかび》の如し。便《すなわ》ち化《な》為りませる神を國常立尊《くにとこたちのみこと》と號《ごう》す。（カッコ内は『都鄙問答』で省略されている個所）

【答】あなたが指摘するように、世の中の多くの人々は、この説に疑問を呈している。しかし、この個所は、「性理」についてよく知らない者が窺い知れるような単純な内容ではないのである。その点、あなたが、この記述を奇怪な説と片づけるということは、まさかとは思うが、聖徳太子や舎人《とねり》親王よりも器が大きいと思っているのではないか。

【問】とんでもない。われらごときが、とてもではないが、そのような偉人に及ぶわけがない。だが、それはそれとして、天地開闢の説は奇怪な説ではある。

【答】　聖徳太子や舎人親王には聖徳があり、世間から賢者と讃えられた方々が、わが国の歴史の公式記録として後世に書き伝えられたのは、なぜだろうか。そのことをまず考えてみる必要がある。このお二方は、天地がまだ開けず、混沌とした状態だったときに、はたして人がすでに存在していたと考えただろうか。そのようなことは、今の時代の学識のない者でもわかることだ。そういう点に注意を払わないのは、愚かすぎる。

ここで逆に質問したい。「神聖《かみ》その中に生《あ》れまし」とあるその神は、今も存在するか否か。存在しないのであれば、今の日本は神国とはいえなくなる。もしその神がいるとしたら、どこにいると思うか。あるいは、昔はいたが、今はどこかに隠れているのだろうか。

――そういうことを黙考し続けると夜が明けてしまうこともあるのではなかろうか。

あなたは、自分の心が偏狭なことに気づかず、心の大きな舎人親王が筆記された書物を廃棄してしまおうと考えたとしたら、それは、闇夜に灯火をかかげて天空を眺めているようなものだ。かくいう私も、以前には「天地が未だ開けていないという説」はありえないと主張して人々を迷わせたこともあったのだが、今にして思えば、浅はかな考えで古人《いにしえびと》を譏《そし》ったものだと悔いている。

しかし、猿知恵が働くような連中が十人集まれば、そのうち九人までが賛成する論であり、あなたのように主張する人をかえって学識があると思うものなのだ。多少なりとも学問をした者に、あなたの説を話して聞かせたら、「何と独創的な見解なのだろう」と感心され、あなたを知者と思うだろう。だが、知者と思われるあなたの愚かしさは、あなたを知者と思った者の愚かしさを超えている、ということに気づかないといけない。私が今、指摘した点に注意を払うようにすれば、天地開闢説に対する疑念が晴れる時期もやってくるだろう。

「易」は変化するが、「理」は不変

【答】ところで、易についてだが、『易経』（卦辞《かじ》・爻辞《こうじ》・十翼《じゅうよく》で構成）の「繫辞下伝《けいじ》」に記されているように、伏羲《ふっき》（蛇身人面の伝説上の帝王）が八卦《け》を画して始まった。卦辞《かじ》は、周王朝の創始者文王《ぶんのう》（「ぶんおう」とも読む。紀元前一一五二～一〇五六年）が始め、爻辞《こうじ》は文王の子の周公旦《しゅうこうたん》が始め、六十四卦へと発展させた。「十翼」と呼ばれる解説「伝《でん》」（彖伝《たん》（上下）・象伝（上下）・繫辞伝（上下）・文言伝・説卦伝・序卦伝・雑卦伝）は、孔子が天地人の三才の道を交えて明らかにした。

「易」は変化するが、古今を通じて不変なのは「理」（道理・性理・原理）である。その理の観点でいうと、「天人一致《てんじんいっち》」（天と人が一体化）して今日に至っており、人も獣も、それぞれが世代を重ねながら脈々と継いできたのが「理」なのだ。そうやって継承してきたものがわかれば、疑いはただちに晴れるはずである。前述した「天地未だ開かれざる説」あるいは「天は子《ね》に開け、地は丑《うし》に闢《ひら》け、人は寅《とら》に生る」などとするのは怪しげな感じがするが、実はどれも納得できるところがあるのだ。ただし、これらの説も、言葉にのみこだわってしまうと、本質が見えてこなくなるので、注意が必要である。

易の卦を月に見立て、陰陽《いんよう》との関係で説明しよう。陰暦の十月には、陰が極まって「純《じゅん》陰《いん》」ということになる。十一月の冬至の日には、陽が初めて生じて「一陽来復」（冬が去り、また春が来る）といわれているが、天地の間のどこを見ても、「また陽《よう》がめぐってきた」ということを目では確認できないのだ。この初陽《しょよう》は、ひっそりと隠れているから見えないのである。「正月には、三陽が生じて、花咲き鳥が鳴く」というが、実際にはそのようにはならないのである。一方、乾《けん》は龍とし、坤《こん》は牝馬《ひんば》として、陰陽を龍と馬に喩えている。このことも、文字にこだわるなら、陰陽は即ち龍馬であるというべきだろうか。

ところで、あなたは、周公旦の喩えは疑わず、舎人親王が説かれた「状葦牙《かたちあしかび》の如し」を疑うというのは、どうしてなのか。万物は、「象《かたち》」を借りて「本質」を表している。その「本体」は、微妙な「理」で示されるのだから、目で見てわかるものではない。だが、見えないからといって、そうではないと否定し、古人の書物を破り棄ててよいものだろうか。「天地未だ開けざるの説」にしても「天は子《ね》に闢《ひら》くという説」にしても、「天地は自然の次第（秩序）である」という道理をわかりやすく教えるための説明にすぎないということを知るべきだ。

自分自身の本性を知ってから、さまざまな説を検討しなおすと、それまでわからなかったことが、掌《たなごころ》を見るかのように明々白々として見えてくるので、疑いは雲散霧消するのである。

そして今、草や木が生え出てくるのを観察すると、始めは種子が土の中に混じっていて見分けづらいが、そのうち錐の先のような芽が出てくると、それは自然と「陽」の形になっており、舎人親王が書いた「葦牙《あしがい》」（葦の芽《め》）のように見える。

その芽がやがて双葉となって開くと、これは「陰」の形である。日が経つと、その双葉の間から芯が伸びてくるが、これは「陰」から生じた「陽」である。このようにして、草木は陰・陽・陰・陽という生成を繰り返しながら成長していく。『易経』の「繋辞上伝」に「天一地二、天三地四、天五地六、天七地八、天九地十」と説明してある。

こうやって、陰（偶数）・陽（奇数）・陰（偶数）・陽（奇数）と果てしなく生成し続けていくということを知らないといけない。天は一、地は二、万物は三だが、『易経』（周易序卦伝）に「天地ありて然る後に万物生《しょう》ず」と記されているように、天地が先で、万物は後である。人は万物の霊長であり、万物の象徴として十二支の三番目の干支「寅」のときに誕生したという理由で、「人は寅に生《しょう》ず」といっているのだ。

万物の道理は一つである

【答（続き）】 人は、母の胎内に宿った最初は一滴の水に過ぎない。それがやがて卵のようになり、そこに芽を含むのである。そのうちの清らかな「陽」のものが、中が空洞になった心臓となるのは、まさに「天が開く」ことに通じるのである。そして、重く濁っている「陰」のものが形となるのは、「地が闢《ひら》く」ことに通じる。また、人の頭のように高いところに位置するのは、「葦牙」とみなすことができる。このように解釈すると、「天地開闢」で展開される「理」（道理）は、われわれ一人ひとりの体にも備わっていると気づく。

このことをよく考えてみれば、天地開闢の一部始終は、古今を通じて不変だとわかるのだ。それなのに、あなたは今、「天地が開け、始まることがある」とみなしたり、「天は子《ね》に開くる、地は丑《うし》に闢《ひら》くる、人は寅《とら》に生る」という言葉そのものを追いかけ、字面の一つひとつにこだわるとあっては、書物を読んでも、疑問に思うことばかり出てきて、楽しんでいる余裕など生まれないだろう。不明なことや疑問に感じることで壁にぶつかり、困苦するのは、自分の考え方に問題があると思うことだ。

『中庸』（第二十六章）に、子思《しし》（孔子の孫）のこんな言葉が載っている。

「今、天を仰ぎ見ると明るく、その広大さたるや無限で、太陽も月も星々もすべてそこに架《か》かり、地にある万物も覆い尽くしている」（今夫《そ》れ斯《そ》れ昭々《しょうしょう》の多きなり。其《そ》の窮《きわま》り無きに及びては日月星辰繋《じつげつせいしんかか》り、万物覆《おおわ》る）

この意味をじっくりと吟味すべきである。天は広大ではあるが、水を張った器の中に映った少し明るい天を見て、その高さや大きさを推し量ってみることだ。聖人でも、天地の外をめぐり歩いたわけではない。

『論語』（為政篇）は、こう記している。

「子曰く、殷《いん》は、攻め滅した夏《か》王朝の礼制を踏襲した。改める、改めないは、損か得かで決めるべきだ」（子曰く、殷は夏の礼に因《よ》る。損益する所を知るべきなり）

前の時代のことから今どうすればいいかを推察し、将来のことは今の状況から推し量ることだ。人としてこの世に生を受けた以上、仁礼智の性（本性）をわきまえる必要があることは、今も昔も変わらずに引き継がれてきた。このことを『易経』（周易上経篇）は、「乾の四徳」として「元亨利貞《げんこうりてい》」（「元《おおい》に亨《とお》りて貞《ただし》きに利《よ》ろし」と読む説もある）としている。名称は異なっても、万物の「理」（道理）は一つである。一つの物を知ることができたら、その中に万物の理が含まれている。だが、その微妙な理は、そう簡単に知ることはできない。自分の抱いた疑念を晴らしてから吟味すべきなのである。

ところが、今の時代の人たちは、文字面にこだわって、あれこれと作為的なことをしてしまうので、視野が狭くなって、古人の心を理解できなくなっている。その結果、和漢の文学に強くなれば、それが「学問の徳」だという錯覚に陥ってしまい、自信過剰になる者が増えている。

「吾唯足るを知る」ことが大事

【答（続き）】文学を自慢する者を喩えていうと、人の財産と比較しては「あいつは劣っている」「自分の方が上だ」などと自慢するのと同じである。そういうことは、文学者として最も恥ずべきことだ。金を稼ぎ、儲けて、支出を吝《けち》れば、財産は自然に貯まっていくものだ。文学も、そのようなもので、年数を重ね、ぬかりなく学び続けていけば、そうしない者より確実に勝っていくだろう。その間、覚えるべきものは覚え、必要なことはいっぱい書き残すようにすれば、多くの人々がひしめく中で、幸せを摑み、生活も豊かになろうというものだ。

学者としては、ただ単に書物をたくさん読むというだけでは、そこに記された聖人の意図とか真意といったものや『日本書紀』などの史書の奥深いところまで知ることはできないのである。だが、あなたは、そこまで考えてはおらず、書物に綴られた文章をすらすらと読めて、その文意さえ摑めたら、それ以上のことは必要ないと思っている。そういう姿勢は、真の意味を探ろうとして推論を重ねる考え方とは雲泥の違いがある。

こんな話がある。ある儒者の親戚筋にあたる顔見知りに、田舎へ行商に通っている商人《あきんど》がいた。儒者がその商人に「あなたも少しは学問をした方がよいのではないか。どう考えても無学だ」というと、商人はこう反論した。

「自分はちっとも無学だなどと思っていない。このように絹の布に値札をつけたりしている。もっとも、どこの国で売ったらいいかという当てはまだないが、これまで商品を売買して父母や妻子を養い、家の大黒柱として家の中をうまく治めてもきた。だから、やる気になって、あなたのように読み書きを学んだら、すぐに書物も読めるようになるはずだ。どうだろう、あなたも一日でいいから私の代わりに行商をやってみてはどうか。自分には商売のことはわからないというのであれば、私とちっとも変わらない。自分の職分さえわきまえたら、それで事足りるのだ。この程度の理屈がわからないようなら、学者として大きな顔はできないではないか」

その儒者は、京都市中で誰それとその名を知られた人物なのだが、商人のいったことを否定する道理を明らかにすることができず、何も答えなかったのである。

文学の道に通暁していなくても、老子のいった「吾唯足知《われただたるをしる》」（吾唯足るを知る）者は、かくの如しである。ましてや、「性理」（人の本性と天地の道理）に明るい者が文学の道にも精通することができるなら、間髪を置かずに「聖学」（聖人の学問）が勃興し、世の中に広くゆき渡るだろう。

『孟子』（梁恵王上篇）に次のような一節がある。

「盛夏の頃、日照り続きで苗が立ち枯れたと思えたそのとき、空にむくむくと雲が湧いて出て、雨が激しく降りしぶき、苗がむっくりと起き上がった」（七、八月の間、旱《ひでり》すれば則ち苗稿《か》る。天油然《ゆうぜん》として雲を作《おこ》し、沛然《はいぜん》として雨を下《くだ》せば、則ち苗勃然《ぼつぜん》として之《これ》に興《おこ》る）

だから、文武両道に秀でた士で、「性理」に通じた者が今の世にいることを私は強く願うのだ。あなたも「一理」を明らかにできるようになれば、そのときこそ、『日本書紀』の「神聖其《そ》の中に生《あ》れます、國常立尊と號《ごう》す」の意味を理解し、天が与えてくれる楽しみを満喫できるように誠を尽くしながら、真実の道に入られるようにされたい。

石田勘平

おわりに

城島明彦（訳者）

私は松下幸之助翁が『都鄙問答』を座右の書としていたのではないかと考えているが、それは本書に「商人道の原点」が記されているからである。また、京セラ創業者の稲盛和夫氏も「石田梅岩が私に与えてくれたものは計り知れない」と述べ、福沢諭吉や渋沢栄一にも大きな影響を与えた。同書には「日本のＣＳＲ（企業の社会的責任）の原点」とされる記述もあり、近年、絶えることなく繰り返されている企業不祥事を考える上でも意義がある。

石田梅岩という名を私が初めて知ったのは、中学の歴史の教科書である。江戸時代の儒学者という程度の知識だ。次いで、高校の日本史の教科書を通じて、彼の代表作が『都鄙問答』で、その思想は「石門心学」ということを知った。しかし、どんな人で、どんな思想なのかはよくわからなかったが、知りたいとも思わなかった。

岩波文庫の『都鄙問答』（原文）の初版が世に出たのは一九三五年二月だが、注釈欄がないこともあって難しく、読んだ人は少ないのではないか。私が石田梅岩に興味を持ったのは、パナソニック（前・松下電器産業）の創業者松下幸之助氏が『都鄙問答』を愛読し、「経営や仕事に行き詰まったら読みなはれ」とほかの人にも勧めているという話を耳にしてからだが、それがいつ頃かの記憶はあやふやだった。

調べてみると、中央公論社が箱入りハードカバー「日本の名著」シリーズ（全五十巻）の一冊として「富永仲基・石田梅岩」を一九七二年五月に発刊、そこに『都鄙問答』の現代語訳（訳者は評論家の加藤周一氏）が収載された。それが現代語訳の最初で最後だ。正確にいうと、その後、同社はそのシリーズをソフトカバーの「中公バックス」にアレンジして刊行、「富永仲基・石田梅岩」も一九八四年一月に出たが、内容は同じだ。

そこから数えても三十年以上が経過し、当然のように絶版になっているが、それ以外の訳本は一冊も出ておらず、今回の拙訳は、大げさな言い方をすれば、〝日本史上、二冊目の現代語訳〟になる。

普通の人が岩波文庫の原文をすらすら読むのは難しいことから、松下幸之助氏が勧めたのは「日本の名著」で、勧めた時期は一九七二、三年以降と推定できる。当時、私は東宝で映画の助監督をしていたが、一九七三年四月にソニーへ転職、帰宅途中に本屋をはしごして雑多な本を立ち読みするのを趣味にしていた。同書もその頃、手にしたが、訳文に違和感を覚え、購入しなかった。

そのことも今回現代語訳に向かわせた理由の一つだが、一番の理由は、松下幸之助氏が座右に置いた書物をわかりやすい日本語にして経営者やビジネスマンに読んでほしいと思ったからだ。特にパナソニックは二〇一八年が創業百周年、翌一九年は松下幸之助氏の三十周忌であり、もう一度、石田梅岩の説く「心の問題」や「商人道の原点とは何か」について考えてみる好機ではなかろうか。

参考文献

『易経大講座』第一巻～第十一巻（小林一郎著／平凡社）
『易経』上下（高田真治・後藤基巳訳／岩波文庫）
『書経・易経（抄）』（赤塚忠訳／平凡社）
『孟子』上下（小林勝人訳注／岩波文庫）
『漢籍國字解全書』第二巻『孟子』・第三巻『易経上』・第四巻『易経下』（早稲田大学編集部編／早稲田大学出版）
『経書大講』第一巻・第二巻（『論語』上下）、第三巻（『孟子上』）、第四巻・第五巻（『易経』上下）、第五巻『詩経』、第六巻『書経』、第八巻『近思録』、第十三巻～第十五巻『春秋左氏伝』上中下、第十八巻『孟子下・中庸』（小林一郎著／平凡社）
『四書集註』「孟子集注」巻之一～巻之四（朱熹／修道館）
『四書集註』「論語集註」「孟子集註」ともに巻之一～巻之四（朱熹／修道館）
『四書集註』「論語集註」巻之一～巻之四（朱熹／汲古堂）
『四書集註』「大学章句集註」「中庸章句集註」（東京書肆・高崎書肆・煥乎堂・寶丈堂）
『富永仲基　石田梅岩』（責任編集　加藤周一／中央公論社）
「石田先生事跡」（同文館編集局編集『日本教育文庫　心学篇』収載／同文館）ほか
『訓読　日本書紀』上巻（黒坂勝美／岩波文庫）

〈訳者略歴〉

城島明彦（じょうじま・あきひこ）

昭和21年三重県に生まれる。早稲田大学政経学部卒。東宝、ソニー勤務を経て、「けさらんぱさらん」で第62回オール讀物新人賞を受賞し、作家となる。『ソニー燃ゆ』『ソニーを踏み台にした男たち』などのノンフィクションから『恐怖がたり42夜』『横濱幻想奇譚』などの小説、歴史上の人物検証『裏・義経本』や『現代語で読む野菊の墓』など著書多数。本シリーズの「いつか読んでみたかった日本の名著」の現代語訳に『五輪書』（宮本武蔵・著）『吉田松陰「留魂録」』『養生訓』（貝原益軒・著）『中江藤樹「翁問答」』『葉隠』がある。

石田梅岩《いしだばいがん》『都鄙問答《とひもんどう》』

平成二十八年九月二十五日第一刷発行
令和五年三月二十日第五刷発行

著者　石田梅岩
訳者　城島明彦
発行者　藤尾秀昭
発行所　致知出版社
〒150-0001東京都渋谷区神宮前四の二十四の九
TEL（〇三）三七九六—二一一一
印刷　㈱ディグ　製本　難波製本

落丁・乱丁はお取替え致します。　（検印廃止）

ISBN978-4-8009-1126-1 C0095
ホームページ　https://www.chichi.co.jp
Eメール　books@chichi.co.jp